ロールレタリング

岡本茂樹［著］

手紙を書く心理療法の理論と実践

金子書房

はじめに

　すべては本音を書くことから始まる。本書に登場する若者たちは，彼らにとって重要な他者――多くは養育者である親――に対して，不満や怒りといった否定的感情を出すことから自分自身をみつめ，他者への理解を深め，人間関係を改善している。思春期を過ぎた頃になって，初めてロールレタリングに自分の本音を書き，寂しさやストレスといった心の奥底にあった内面の問題と向き合っている。逆にいえば，幼少の頃から自分の本音を誰にも言うことができず，息苦しさを感じながらも，青年期になるまで問題をもち越してきたのである。

　筆者は長く，中学や高等学校の現場で，不登校や非行，摂食障害やリストカットといったさまざまな問題をもった生徒たちとかかわってきた。彼らもまた，自分の悩みを誰にも言えず，苦しみを抱え込んでいた。外見からは，彼らの大半は従順で，おとなしく，まじめである。したがって，彼らの姿は，周囲の大人たちの目からは，弱音を吐かず，しっかりした「いい子」として映ってしまう。一方，多くの親たちは，思春期になって問題を起こした自分たちの子どものことを「育てやすい子だった」「手がかからなかった」「いい子だった」とふり返り，「なぜ，今になってこの子が」と頭を抱える。多くの大人は，「しっかりしていて，弱音を吐かず，１人で頑張ること」が「いいこと」と信じ，知らないうちに子どもにいろいろな重荷となる価値観を刷り込んでいる。しかし我慢を積み重ねることが，実は「爆発のエネルギー」をため込んでいることに彼らは気づいていない。爆発は，非行や犯罪といった反社会的行動や，うつやひきこもりなど非社会的行動といった形で表面化する。それではなぜ，大人たちは子どもたちにそうしたストレスをため込むような育て方をするのであろうか。理由は簡単である。彼らも，彼らの親から同じような「育てられ方」をされてきたからである。

　筆者が不登校や非行など悩みを抱えた子どもたちとかかわっていると，少しずつ彼らは本音を語り始める。そして親たちも自らの苦悩を話すなかで子どもの思いに素直に耳を傾けると，やがて親子関係は好転していく。こうしてみると，中学や高校といった思春期に子どもが問題行動を起こすことは，状況が一

はじめに

変するだけにピンチではあるが，見方を変えれば，これまでの親子関係を見直す「いいチャンス」にもなるのである。しかしながら，実際に援助できるケースは，全体からいえば数は少ない。大半の子どもたちは葛藤を抱えながらも思春期を過ごし，なんとなく青年期をすり抜けて成人へと移行していく。その結果，成人以降に大きな問題を起こしてしまう場合がある。なぜなら，それだけ長い間，彼らは抑圧した不満や怒りといった「エネルギー」をため込んでいるからである。

自分の本音を誰にも言えず，孤独を感じ，抑圧している若者が起こす問題の一つが，近年の若者の犯罪の特徴でもある。2008年に秋葉原で起きた25歳の若者による無差別殺人事件は今でも記憶に新しい。この若者は社会に対する不満を携帯電話の掲示板に2008年5月から事件までの間に実に3000回以上も書き込んでいたという。人とのコミュニケーションがとれず，ひたすら携帯電話に向かうしかなかったこの若者は，孤独感にさいなまれるなかで，さまざまな不満や怒りを一気に爆発させてしまったように思えてならない。

今の思春期から青年期に至る子どもや若者たちの性格の傾向として，筆者はまじめで「素直」であることを挙げたい。ここで素直という言葉をカッコ書きにしたのは，素直に自分の気持ちを表現するのではなく，自発的に自己表現しないで他者に合わせるという「従順さ」という意味での素直さのことである。相手からどう思われるかを気にしすぎて，自分の本当の気持ちを抑えている子どもや青年たちが多いのである。「本当のことを言ったら，嫌われるのではないだろうか」「相手に合わせておく方が，気持ちは楽」などと考えて，自分の本音を抑圧しているのである。そのような生き方に慣れてしまっているので，表面では明るく振る舞っていても，内面では「生き辛さ」を感じている若者は少なくない。

問題の一つとして挙げられることは，今の子どもや若者たちは自分の思いを誰かにしっかりと聴いてもらえる体験が不足していることである。逆にいうと，自分の思いをしっかりと表現して他者に受け止めてもらえるだけでも，人は健康になれるということである。その意味では，今こそ心を開いて本音を表現する技法，すなわちロールレタリングが有効に活用できるときである。第1章で詳細に述べるが，ロールレタリングとは，簡単にいうと，実際に投函するので

はなく，誰にも読まれないことを前提に，役割をとって「手紙」を書くことによって自分自身をみつめ，他者との関係を考える心理技法である。メールやパソコンといった情報機器が飛躍的に活用されるなか，手紙という昔からある媒体を用いた技法である。今でも私たちは自分の思いを誠実にかつ真剣に相手に伝えたいとき，手紙を書くものである。そして実際にペンを手に取って文字を書くと，喜び，悲しみ，寂しさ，怒り，感謝といったさまざまな感情が頭のなかをかけめぐり，ときに気持ちが高ぶり，涙さえするときもある。きれいな文章を書く必要はない。相手に自分の気持ちや感情を思い切り書きなぐる。一言でいえば，「ありのままの本当の気持ち」を書くことが，心理療法としてのロールレタリングの実施方法である。本書に登場する若者たちは，自分の思いを文字に表すなかで，不満や怒り，喜びなどさまざまな感情を表出し，ときに涙を流して自己の変化を実感している。自分の内面の問題と向き合うことで気づきが生まれ，人は変われる。これが，本書の根底に流れる理念である。

　ここで，初めて本書を手にとった方のために，ロールレタリングという用語について説明しておきたい。ロールレタリング Role Lettering とは，ロールプレイング Role Playing から発想した造語である。"Role"は「役割」であり，"Lettering"は「手紙を書くこと」の意味である。この技法が開発された当初は，「役割交換書簡法」あるいは「役割交換法」といった名称も用いられていたが，「ロールレタリング」が一般的に使用されている。少年院で開発された技法であるが，今では一般の心理面接をはじめとして，医療・福祉・看護の現場や学校教育などにも広まりつつある。

　最後に，本書の構成について述べておきたい。第1部として，今日の心の問題の解決法としてのロールレタリングの必要性について述べた後，この技法の理論，実施方法，効果，面接の仕方を詳細に説明している。次に第2部として，この技法の臨床事例を紹介する。実際のケースに触れることによって，具体的なロールレタリングの流れやクライエントの心理的変化をみていく。最初に，思春期や青年期の女子に多い摂食障害の事例から始まり，父親ならびに母親に対して葛藤のある2ケースを取り上げる。次に，精神病理の視点から，「自分のなかに3人の私がいる」と「解離的」な悩みを訴えているケースと，音楽に依存した生活を送る無気力な男子学生の事例を紹介する。さらに，どの学生に

はじめに

もありがちな対人関係に悩む女子学生の事例を取り上げた後，カウンセラーを目指す女子学生がロールレタリングで自己分析した事例を紹介する。最後に，ロールレタリングを書くことに抵抗感をいだいた摂食障害の女子学生のケースで締めくくる。ロールレタリングは自分の内面と直面化するだけに，書くことに抵抗するクライエントは少なくない。こうした場合の対処法の一つとして，この事例を紹介する。さまざまな事例を読むことで，ロールレタリングの活用の仕方が具体的にイメージできると考えている。

本書で取り上げた事例はすべて青年期の事例であるが，ロールレタリングを書く対象者（クライエント）は青年期だけの者に限るわけではない。紙と鉛筆さえあれば誰でもロールレタリングに取り組むことができる。その点では，今学校で悩みや問題を抱える小・中・高校の児童・生徒の心のケアや，中年期から高齢期に至るまでのさまざまな人たちの心の悩みの解決法としてもロールレタリングは活用できる。ロールレタリングに書く内容も，第2部の臨床事例にあるような心理的な悩みや病理だけでなく，健常な人にとってのメンタルヘルスとして日常的なストレス発散の方法としても効果的である。本書を読まれることによって，多くの方がロールレタリングの効果を実感し，本音を「吐き出す」ことの効果を理解していただくことを筆者は願っている。そして心に深い葛藤をもった人が問題を解決するためだけでなく，健康的な人がさらに健康的に生きるためにも，本書が少しでも役に立つことを信じている。

なお，事例を紹介するにあたり，クライエントの了承を得ていると同時に，本人と特定されないように事例の内容を修正している。

2012年7月

岡本茂樹

目 次

はじめに　　　　　　　　　　　　　　　　　　　　　　　　　　　　　i

第1部　ロールレタリングとは何か　　　　　　　　　　　　　　　1

第1章　心理面接におけるロールレタリングの実際　　　　　　3
第1節　今，なぜロールレタリングなのか　　　　　　　　　　　3
第2節　ロールレタリングの理論　　　　　　　　　　　　　　15
第3節　ロールレタリングの効果　　　　　　　　　　　　　　28
第4節　ロールレタリングの実施方法　　　　　　　　　　　　36
第5節　ロールレタリングの面接方法　　　　　　　　　　　　46

第2部　ロールレタリングの臨床事例　　　　　　　　　　　　53

第2章　事例1：摂食障害の回復過程　　　　　　　　　　　　55
第3章　事例2：父親に対する葛藤が解消する過程　　　　　　73
第4章　事例3：母親に対する葛藤が解消する過程　　　　　　87
第5章　事例4：「解離的」症状──「3人の私」の統合過程　　101
第6章　事例5：アパシー青年の自己意識の変化　　　　　　116
第7章　事例6：対人不安が解消し自己肯定感が向上した心理面接　127
第8章　事例7：自己分析の方法としての活用　　　　　　　144
第9章　事例8：ロールレタリングに抵抗感をもった摂食障害者の
　　　　　　　　心理面接　　　　　　　　　　　　　　　　　159

第3部　事例のふり返りとロールレタリングの効果的活用　　175

第10章　ロールレタリングの効果的な活用　　　　　　　　177
第1節　事例のふり返り　　　　　　　　　　　　　　　　　177
第2節　集団指導と矯正教育におけるロールレタリングの活用　181

目 次

おわりに	186

参考文献	188

著者紹介	190

第 **1** 部

ロールレタリングとは何か

第 **1** 章

心理面接におけるロールレタリングの実際

　第1章では，なぜロールレタリングが今の時代に必要なのかということを，今の子どもや若者たちの心理や心の病理という視点から解説する。なぜ彼らは自分の素直な気持ちを言えないのか，他者の目を気にしてしまうのか，そしてその結果どういう心の病理が生まれ，良好な人間関係がつくれないのかを概説する。その後，ロールレタリングの理論，効果，実施方法，面接方法について解説する。30年以上も前に開発された技法がうまく導入されていない現状の課題を踏まえたうえで，ロールレタリングを心理面接に効果的に活用するための方法を詳細に論じる。

第1節　今，なぜロールレタリングなのか

●ロールレタリングによる抑圧していた感情の吐き出し

【私から母親へ】の手紙（ロールレタリング）
　「なんかの決まり文句みたいになるかもしれないけど，私なんか産んでくれなくてよかった。あなたは育て方まちがってなかったっていつも言ってるけど，あなたが育てたおかげで，私は今こんなに自分のことがイヤで嫌いになった。親の立場になったらメチャメチャ苦しいのかもしれないけど，はっきり言って私の過食に気づいたのも何カ月かたったあとだったくせに。過食のことを知ってからだって何度も，『いい加減にしなさい』，『自分に負けるな』とか『甘えるな』とか

ばっかり言って，そんなの言われたってどうしようもないし，言われなくてもわかってる。あなたのせいで私は自分が悪い，自分に甘えるとか余計に考えるようになった。自分が一番苦しいみたいな顔するな!! それから，ちょっと都合がよくなったり，いいことがあったからって調子にのるな。なんでもかんでも，こっちがダメならあっちなんて都合がよすぎる。小さいときから私は欲しいものはなんでも買ってもらってたけど，買ってもらうことによって，母親という立場をごまかされていたように思う。すぐ泣いて，狂えば許してもらえるなんて思うな。いつも気が狂ったらあなたの勝ちで，私が責められるだけです。母親ならいつでもどんなときもどんとかまえとけるぐらいできてもいいんじゃないか。それなのにすぐ泣いて私が一番子どものことを考えてますみたいな顔はしないでください。あんまり自分の子どもを信じないほうがいいと思います。いつまでもちっちゃい私ではありません。私だって触れてほしくない部分はあります」

　上記の文章は，摂食障害で悩んでいた高校2年の女子生徒が書いたロールレタリングである。筆者が初めてロールレタリングで支援した事例である。この女子高生は，この一通のロールレタリングしか書かなかったが，書いた後は「これまで言えなかったことを初めて書いて，すっきりした」と語った。その後，一気に母子関係の問題が表面化し，母子が本音で話し合うこともあって摂食障害は改善していったのである。文面からもわかるように，この女子高生は，ロールレタリングを書く前まで，母親に対して文面にあるような強い不満や怒りなどのネガティヴな感情をずっと抑圧してきた。しかしその感情を吐き出したことで，すっきりした気持ちになって，主訴が改善するきっかけとなった。一通でもいいから思い切り本音を吐き出したことが，大きな効果をもたらしているのである。

　問題は，今の子どもや若者たちは，このようなネガティヴな感情を心の奥底に抑圧していても，それを吐き出す場面がほとんどないことである。心のなかに苦しみやストレスを抱えながら生活することは，良好な対人関係がとれなかったり，問題行動を起こしたり心の病気になったりする要因にもなるのである。

●今の子どもたちは

　ここで，ある女子高生（3年生）が書いた作文を2つ紹介する。彼女らは2人とも，成績は優秀で礼儀正しく，教師や周囲の大人からみたら，非常に好感のもてる生徒である。そうした生徒が以下のような心の内面をつづっている。

　「私は，自分が言ってしまうことで相手を傷つけたらどうしようとか後々のことを考えてしまい，今自分が我慢さえすれば丸くおさまるのだと思って，自分の思いを抑えてしまったり，無理に忘れようとしてしまったりすることがよくあります」

　「相手の気持ちがわかりません。どうしてそんなことをするのか，深く付き合うとしんどいから，最近は本当に軽い付き合いしかしません。軽い付き合いで最近は大分楽になりました。私が我慢したらすむことだから」

　2人の女子高生が書いた文章の共通点として，「我慢」という言葉が書かれていることがわかる。この2人の生徒に限らず，今の思春期や青年期の子どもや青年たちに共通することは，同世代の友人との付き合いを非常に苦手としていることである。「自分の言っていることが，どのように受け止められているのだろうか」「私の態度で相手は嫌な思いをしていないだろうか」といったように，他者の目を過剰に意識しているのである。他者の目を気にするということは，自分の「本当の気持ち」を出せずに抑圧していることに他ならない。とくに，2人目の女子高生が書いた作文には，「軽い付き合いで最近は大分楽になりました。私が我慢したらすむことだから」と記されている。この一文には，今の子どもたちの内面の問題が象徴されているように思えてならない。素直に自分の意見や考えを言うこと，すなわち本音を言うことを極力控え，他者に過剰に配慮する言い方をして相手の顔色をうかがいながら生活をすれば，トラブルが避けられる（＝楽になる）と思い込んでいることが読み取れる。そして，そのために「我慢」することが大切であると考えている。こうした態度や言動を日常的にしているところが，今の子どもや若者たちが生き辛さを感じる一因となっているのである。

したがって、私たち大人は、本音を抑えて他者の目を意識することは、実は「楽な生き方」ではなく、ストレスをため込んでいることを子どもや若者たちに伝えなければならない。相手に気を遣って本音を抑えて付き合う人間関係は、非常に疲れる生き方をしていることなのである。辛かったり悲しかったりしたときは、辛い気持ちを話したり悲しい思いを伝えていいのである。しかしそういうときほど彼らは、「友だちに迷惑をかけてはいけない」とか「心配させてはいけない」と思って、無理して明るく振る舞ってしまう。自分の本当の感情とは逆のことをするので、心は疲労していく。友だちだからこそ、本当の感情を出していいはずなのに、彼らは本当のことを言ったら「嫌われるのではないだろうか」「重く感じられて、（友だちは）自分から離れてしまうのではないか」と内心は不安でいっぱいなのである。こうして同世代の友人関係を苦手とする子どもや若者たちが増えていく。なぜ彼らは、友人関係において、他者の目を過剰に意識して、なかなか本音を言えないのであろうか。

●親に本音を言えない子どもや若者たち

一方、今の子どもや若者たちと、親との関係はどうなのだろうか。ここで筆者が大学のゼミで「いじめ」をテーマに学生とディスカッションをしたときのエピソードを取り上げたい。筆者は「いじめられた子どもは、いじめられたことを親や教師など周囲の大人になかなか話せない。その結果として、最悪の場合、『いじめ自殺』が起きることがある」と話した後、ゼミ生に対して、「君たちが中学生や高校生の頃、自分がいじめられていたとしたら、そのことを親に話せましたか」と問いかけた。すると全員が「話せない」と答えた。理由を問うと、学生から「親に迷惑をかけたくない」「（いじめられている事実を）親に知られるのが恥ずかしい」「理由はわからないが、とにかく親には知られたくない」といった言葉が返ってきた。次に、筆者は、「それでは、君たちが親になったとき、自分の子どもがいじめられているとしたら、子どもからそのことを話してほしいですか」と問うと、全員が「（子どもから）話してほしい」と答えたのである。この矛盾点を捉えて、筆者は、「自分は親とは本音で話せないのに、自分が親になったら自分の子どもには本音を言ってほしいということですね」と言い、「なぜ君たちは親に話せないのか、自分の過去をふり返って

考えてみる必要がありますね」と伝えたのである。過去をふり返るということは，親との関係から，どういったことがきっかけで，自分の素直な気持ちを出せなくなったのかをみつめることである。その原点を考えないかぎり，親に本音を言える日はやってこない。

そもそも親にとって，子どもとは「迷惑をかけられる存在」である。この場合の「迷惑」とは「愛」と同義語である。子どもは，親に迷惑をかけて，親から愛をもらうことによって成長するのである。それなのに，大半の子どもたちは「親に迷惑をかけてはいけない」と思っている。言いかえれば，子どもは親に「素直に甘えられない」ということである。どうしてこういうことになってしまうのであろうか。

私たちは生まれたときは皆，赤ちゃんである。赤ちゃんは泣きたいときは大声で泣き，笑いたいときは笑顔を絶やさない。しかし今の子どもや若者たちのなかには，悲しいときに泣かなかったり，うれしいときでも笑顔を見せたりしない者がいる。つまり，「感情」を出さなかったり本当の感情とは逆のことをしたりすることが「いいこと」だと思っているのである。とくに，泣きたいときに泣かないことは「強い子」になったことと思い込んでいる。そんな子どもの姿を大人は「成長」と捉えて評価する。実は，こうした当たり前と思われている子育てのあり方に，子どもが本音を出せなくなる一因があるのである。私たちは「強い人間」とはどういう人のことなのかをあらためて考え直さないといけない。

●浜崎あゆみの歌詞に共感する若者たち

浜崎あゆみの初期の曲である"A Song for ××"がヒットした頃，この曲の歌詞に共感する若者たちが多くいたことを記憶している。当時はドキュメンタリー番組もいくつか放映されていた。学生のメールアドレスには，"A Song for"の部分を取り入れている者もいて，今でも根強いファンが多い。浜崎の"A Song for ××"の歌詞には，若者が共感するだけの理由がある。その一節が次の箇所である。

居場所がなかった　見つからなかった

未来には期待出来るのか分からずに

いつも強い子だねって言われ続けてた
泣かないで偉いねって褒められたりしていたよ
そんな言葉ひとつも望んでなかった
だから解らないフリをしていた
（作詞・浜崎あゆみ　"A Song for ××" avex Inc. 1999）

　私たちは浜崎の歌詞から多くのことを学ぶことができる。その前に，彼女の生い立ちについて少し触れておきたい。福岡県出身の浜崎あゆみ（本名：浜崎歩）は，幼少期に両親が離婚していて，母親と祖母の3人家族である。母親も祖母も仕事で忙しく，小学校から中学時代にかけて家に帰っても誰もいない生活をしていたという。したがって，この歌詞の「居場所がなかった」のフレーズは彼女の幼少期の心象風景をよく表している。本来なら，家とは，学校での勉強や遊びで疲れた身体を癒し，くつろげる場所である。しかし浜崎の場合，学校から帰ってきても，家には誰もいない。このような環境のなかにいて，彼女は孤独を感じ，「居場所」を求めていたことは容易に想像できる。居場所とは，心からくつろげて安心できる場である。そう感じられるのは，その場が「愛のある空間」だからである。そして「自分を愛してくれる人」がいて，初めて「愛のある空間」は生まれる。居場所を得られず苦悩する浜崎の泣かない姿を見て，周囲の大人は「強い子」と言って評価する。いうまでもなく，ここでいう「強い子」とは，自分の本当の「感情」を出さずに，「しっかりして我慢する子」である。そのことに浜崎自身気づいていた。浜崎の歌詞からは，本当の感情を押し殺す浜崎の幼少期の悲痛な姿が垣間みえる。そんな浜崎の内面の苦悩に多くの若者たちが共感した。なぜなら，多くの若者たちが日常生活において，浜崎と同じような思いを感じていたからである。

　人は愛がないと生きられない。生きられないという言い方は極端であるとしても，心は確実に痛んでいく。人は，愛を得られないと「寂しい」という感情を抱くのが当然である。寂しいという感情は，受け止めてくれる「他者」がいることによって，初めて満たされる。しかし受け止めてくれる他者がいないと，

常に寂しいという感情にさらされることになる。その感情を常時抱き続けることは耐え難いことなので、人はさまざまな形で寂しいという感情に対処せざるを得なくなる。

● **感情を抑圧することの問題**

　人間の精神的な活動は、簡単にいうと「感情」と「思考」の二つの領域から成り立っていると考えると、人間の心理状態は理解しやすい。たとえば、「寂しい」という感情が満たされないと、寂しさに耐えきれないから、「自分は寂しくない」「しっかりしないといけない」「泣いてはいけない」「強くならなければならない」などといった言葉を心のなかで自分に投げかけることになる。すなわち「思考」に切り替わるのである。そうして自分の寂しさという感情と向き合うことに対して自己防衛する。浜崎は「いつも強い子だねって言われ続けてた　泣かないで偉いねって褒められたりしていたよ」と書いている。生い立ちを考えると、浜崎は「泣かない」のではなく「泣けなかった」のである。なぜなら、泣いても受け止めてくれる人がいなければ、子どもは次第に泣くことを止め（寂しさを感じることを避け）、思考を働かせるからである。そして、周囲の大人たちは「泣かないこと」が「偉いこと」だと褒める。泣かないことは強いこと。これが、われわれ大人がもつ一般的な価値観である。「強い子」になる一つのパターンが、これである。自分の本当の「感情」を出せ（さ）ずに、「しっかりして我慢する子」である。子どもが本当に求めているものは、「愛」である。すなわち、泣かないで褒められることではなく、泣いて受け止められることである。そのことに浜崎は気づいていた。だから、「そんな言葉ひとつも望んでなかった　だから解らないフリをしていた」と浜崎なりの自己防衛の方法をとっていた。したがって、幼少期の浜崎の心の奥底には寂しさや悲しみ、愛されなかったことへの怒りなどのネガティヴな感情が積み重なっていたことは容易に想像できる。

　さらに付け加えれば、「解らないフリをすること」は、本当は悲しかったり辛かったりする感情を封印していることでもある。こうした自己防衛の方法は習慣化するのであるが、自分の本当の感情に対して「解らないフリ」をすることは、実は心のエネルギーを非常に消耗させることになる。なぜなら、本当は

悲しいのに,「解らないフリ」をして「偽りの自己」をつくりあげているからである。このような形で自分の本当の感情を抑圧することによって,本当の感情を受け止めてもらえない不満や怒りといった否定的感情はどんどん心の奥底にたまっていくことになる。感情を表に出さずボーっとした人が,ちょっとしたことで,ものすごい怒りを出すことがある。それは,日頃から素直な感情を出さないようにしていたことで,不満や怒りがたまりにたまって,一気に怒りが爆発するからである。私たちは,それを「怒りのスイッチ」と呼ぶことにしている。そうした人は常に心のなかに大きな「怒りの風船」があると想像するとわかりやすい。普通だったら軽く聞き流せるようなことでも,本人にとってはちょっとした嫌なことが引き金となる。すなわち「怒りのスイッチ」が入り,爆発するのである。長い時間かけて抑圧された感情ほど,その分だけ爆発の仕方も大きいものとなる。

　人の問題行動の出方は,大きく分けて二通りある。怒りの出方が外に出るのか内に向かうのかの違いである。不満や怒りといった攻撃的感情が外に出ると,他者を攻撃することになり,極端な場合は非行や犯罪という形になる。他方,そうした感情が内に向かうと,自傷行為をしたり,うつ病になったり最悪の場合は自殺をしたりするといった悲劇を生む。うれしいときは喜び,悲しいときや辛いときは苦しいとかしんどいとか言って,上手にネガティヴな感情を外に出さないと健康的に生きられない。逆にいえば,人の感情は適切なときに適切な形で表出されないと,大きな問題行動へとつながってしまうのである。

　簡単にいえば,問題を抱えた人は,「感情」を軽視して,「思考」を働かせた生活をしている。たとえば,不登校の子どもやひきこもりの若者のなかには感情を抑制した生き方をしている者が非常に多い。自分のしんどい気持ち（感情）をなかなか言えない。なぜ,言えないのかというと,親が彼らの感情を受け止めていないからである。そうした親は,外に出られない彼らに向かって「思考」を使って家から出るように働きかける。「こんな生活を送っていたら,りっぱな人間になれないぞ」「学校に行かないと将来ダメになる」「勉強が遅れると,お前自身が後悔することになるぞ」などとたたみかける。親から「思考」で言われると,子どもは沈黙するか,「思考」で反論せざるを得ない。苦しいとか辛いといった感情を出すと「甘えるな」とか「弱いからだ」などと叱

責されるからである。子どもは，親に対して思考で反論しても勝てるわけがない。現実的にいえば，親の言うことは正論である。しかし正論は正論であるがゆえに，反論の余地がない。学校に行かないと学力が付かないと言われれば，何も言い返すことができない。そうしたやり取りが積み重なることによって，彼らはどんどん感情を抑圧していく。親子関係もますます悪化する。彼らは，本当は，辛かったりしんどかったりする気持ち（感情）を親に受け止めてもらいたいのである。感情を受け止めてもらうことによって，彼らの心の苦しみは少しずつ癒され，元気になっていく。しかし親はそのことに気づかない。なぜなら，そうした親は，自分たちの親から思考で教育されていて，それまでの人生でも思考を使って生きてきたからである。思考を重視した生き方が，子どもや若者たちを含めて多くの人々の生き辛さを生み出しているといってもいいのではないだろうか。

● **常識的な価値観の刷り込みによって抑圧される感情**

今の大半の若者たちは，幸せな家庭を築くことが夢であると語る。子どもが生まれれば，「しっかりした子育て」をしたいと張り切っている。もちろん過酷な家庭環境のなかで育ってきた者もいるが，大半の若者は，「幸せな家庭に育ってきた」と話す。しかし幸せな家庭で育ってきた者もそうでない者も，「素直に本音を言うことには抵抗がある」と言うのである。

幼少期に毎日のように両親が喧嘩をしていた。父親が酒を飲んで家で暴れていた。夫婦関係が冷え切っていた。こうした家庭環境のなかで育った子どもは，素直に人に本音を言えなくなることは容易に理解できる。そうした子どもは，親が怒らないように絶えず親の顔色をうかがったり，家が暗い雰囲気なのがわかっているので無理に明るく振る舞ったりする。つまり，子どもなのに「大人」の振る舞いをするのである。子どもは子どものときには，「子どもらしく生きること」で健康的な大人になれるのだが，子どものときに子どもらしく親に甘えられなかった者は，大人になっても人に甘えられない人間になる。そして，そうした家庭の親は，子どもの本当の気持ち（感情）を受け止めてくれる人ではない。そうすると，子どもは，親との関係のなかで本音を言わないことを身に付けるので，他者に対しても本音を言うことはできなくなる。良好な対

人関係とは，つまるところ，本音で話し合える人間関係のことである。彼らは，人に甘えられず感情を抑圧した生き方を自然と自らに強いているので，成人になっても対人関係がうまくとれないのである。

　さらに，われわれの常識を覆すことになるが，幸せな家庭で育ってきた若者でさえ，本音を言うことを苦手とする場合がある。その理由は，彼らが親から「しっかりした子育て」を経験しているからである。ここに実は，大きな落とし穴がある。「しっかりした子育て」は抑圧を生むことがあるのである。「しっかりした子育て」とは，具体的にいうと「我慢できる子にしよう」「一人で何でもできる子に育てよう」「人に恥ずかしく思われない子にしよう」「弱音を吐かない子にしよう」「人様に迷惑をかけない子にしよう」といった考え方につながることがある。他者から評価される「りっぱな子ども」に育てようとするのである。男の子が生まれれば，「男は強くなければならない」「人に負けてはいけない」といった価値観を刷り込んでしまうことになる。女の子であれば，「女の子はおしとやかでなければいけない」「自分の気持ちを出さない奥ゆかしい子にしよう」といった育て方をしてしまいがちになる。以上に述べたことは，今でも何の疑いもなく多くの家庭で行われている「しつけ」ではないだろうか。しかし正しいと思っていた価値観が，子どもに「感情」を抑圧させて，1人で悩みを抱え込んでしまうパターンを生み出していることに多くの大人は気づいていない。

　筆者はこうした状況を非常に深刻な問題として捉えている。ここで，ある小学校で起きた出来事を例に挙げたい。小学4年の女児が，学校で友だちと遊んでいるときに怪我をしたのである。傷の手当てをした後，担任の教師は母親に連絡し，その日は母親と一緒に下校させることになった。すると，その子は，学校に駆け付けた母親に対して，「お母さん，ごめんなさい」と言ったのである。本来なら，怪我をして痛い思いをしているのだから，「痛かった！」と言って，母親に泣きついてもいいはずである。ところが，その子は，学校にやってきた母親を気遣って，謝罪をしているのである。こうした反応を見て，周囲の大人は，「お母さんのことを思うなんて，強い子だね」「そんなことを言えるなんて，とても偉いね」と言って褒めることになる。こうして，子どもは自分の素直な感情を出すことを控え，さらに「いい子」になっていくのである。感

情を軽視することによって，知らず知らずのうちに「いい子」をつくっている一つの例である。

　こうしてみると，私たちは従来の価値観を見直すべきときに来ているのかもしれない。たとえば，「甘えること」はダメなことと考えがちだが，実は甘え上手な人は他者との付き合い方がうまいともいえる。「わがままでないこと」を私たちは称えるが，それは大人としての振る舞いをして無理していることでもある。「協調性があること」は，「自分の意見を言わないで我慢している」という見方もできる。「だらだらしていること」は「くつろいでエネルギーを得ていること」と考えることもできる。言いたいことは，絶対に正しい価値観とか，絶対に誤った価値観など存在しないということである。物事は角度を変えてみたときに，必ずプラスとマイナスの側面がある。そのことに気づいていないと，私たちの気づかないところで，人は抑圧を強めている場合があるのである。

● **安心して「感情」を出せる方法としてのロールレタリング**
　文章を書く方法にはさまざまな形があるが，「作文」と「手紙」とを比べると，明らかな違いがある。たとえば，父親に関して，作文を書く場合と手紙を書く場合とを比較してみたい。以下の文章は，幼少期に父親から暴力を受けた非行少年の「作文」である。

【私の父親について】
「私の父親は，私が小さいとき，いつも酒を飲んで暴れ，暴力をふるわれたこともありました。父親にたたかれ，足がはれあがったこともあったし，動けなくなったこともありました。また，母親に暴力をふるう父親の姿も見てきました。そんなわけで，父親とはあまり話をすることもなく，うまくいかなかったのです。私は，こんな家が嫌で，両親に監視されているような気がして，何度も家出しました。(以下，省略)」

　この文章を読むと，少年と父親との間で起きた事実が淡々と書かれているのがわかる。事実が書かれた文章は，基本的には「思考」を使って書かれた文章

である。この文章からは，「感情」というものがほとんど伝わってこない。したがって，心のなかにつまっているもの（感情）が外に出ていない。しかし，この文章を元にして，父親への手紙，すなわちロールレタリングを書くように求めると，文章は一変する。もちろん少年には言いたいことを思い切り本音で書いていいことを伝えたうえで，手紙を書いてもらうのである。

> 【私から父親へ】（ロールレタリング）
> 「お前はなんでいつも酒を飲んで暴れていたんだ！　お前になぐられて，俺はどんなに嫌な思いをしていたか，お前にわかるか！　俺は足をたたかれて動けなくなり，学校に行ったら皆にバカにされた。俺がどんなに苦しかったかお前には少しもわからないだろう。かあちゃんもお前になぐられて，いつも泣いていた。そんな姿をみているのが嫌で，俺は家にいることが嫌になった。だから家出したんだ。俺が非行に走るようになったもともとの原因はお前にあったんじゃ！　バカヤロー！（以下，省略）」

【私の父親について】とはまったく異なり，手紙になると「感情」が前面に出ていることが理解できる。少年は心の底にあった父親への怒りや憎しみを手紙のなかに吐き出している。今まで言いたくても言えなかった「感情」を思い切り外に出せば，否定的な感情というものは次第に消失していく。そうすると，心のなかがすっきりとしてきて，いろいろなことに気づくことになる。「思考」の文章をたくさん書いても人は変わりにくい。しかし「感情」を吐き出せば人は変わる。何度も述べているように，本当の気持ち（感情）を言えずに我慢して抑圧している子どもや若者たちは多い。感情を言語化できない者は，頭痛や腹痛といった身体症状で心の苦しみを表現することがある。しかし，思い切り「悲しい」「つらい」という感情を吐き出すと，そうした心の苦しみから解放され，身体症状がなくなる。一言でいえば，感情の表出は，人の心の苦しみを取り除くためには欠かせないのである。

たとえば，親に暴力をふるわれたり，両親が不仲でタバコを吸ったり万引きをしたりする非行傾向の少年が補導されたとき，学校の教師は彼らにどのような対応をしているだろうか。一般的な指導方法として，反省文を書かせたうえ

で、「親の気持ちも考えろ」「これからはしっかりとしなさい」といった言葉をかけているのではないだろうか。こうした生徒指導のあり方は、一時的な効果はあるかもしれないが、少年の心をさらに抑圧させることになり、結果的に大きな問題行動を起こすことになり得る。彼らが問題行動を起こすには、彼らなりの理由がある。しかし私たちは悪いことをした者に対して、その理由を聞こうともせず、反省の言葉を引き出そうとする。悪いことをしたのだから、不満や怒りを言うことなど許されることではない。こうして否定的感情はさらに抑圧され、最悪の場合、犯罪者が生まれる。極端なケースかもしれないが、生徒指導が犯罪者をつくっているともいえるのである。

したがって、子どもが問題行動を起こしたときこそ、彼らの心に耳を傾けるときである。心の底にある不満や怒りを彼らが全部吐き出したとき、初めて彼らの心に自分が起こした問題行動への内省が生まれてくる。このように考えると、問題行動を起こしたときこそ、本当に立ち直るチャンスなのである。

ロールレタリングは、直接相手に見せるために書くものではない。相手が読むわけではないので、相手から反論されることもなく、思い切り本音を書くことができる。安心して「感情」を吐き出せる方法なのである。これまで非行少年を例に挙げて説明してきたが、問題を抱えた子どもや若者たちの大半は、否定的感情を抑圧している。不登校や摂食障害、神経症といった病理はもちろんのこと、普通に生活している子どもや若者たちでさえ、本音を言えず抑うつ的な症状を訴える者は少なくない。否定的感情を人前で言うことには抵抗を感じるものである。しかしロールレタリングは、支援者の存在に支えられながら、自分1人で行うことができる。とくに日本人は人前で自分の気持ちを言うのが苦手である。そういう点からいって、手紙という古い媒体を活用しているが、ロールレタリングは今の時代に合った新しい心理技法といえるかもしれない。

第2節　ロールレタリングの理論

●ロールレタリングとは

ロールレタリングとは、「自分から相手へ」の手紙を書いたり、ときには相手の立場になって、「相手から自分へ」の手紙を書いたりするなかで、さまざ

まな思いや感情を書くことによって，自分自身だけでなく相手のことも理解し，人間関係が改善していく技法である。紙と鉛筆さえあれば，誰もがどこにいても行うことができるので，ロールレタリングを書く気持ちになれば，心理療法として有効な技法となり得る。この技法は，少年院の矯正教育の現場で生まれ発展してきた日本生まれの心理技法である。

● ロールレタリングの誕生と広がり

　ロールレタリングが誕生したきっかけは，熊本県の人吉市にある中等少年院の人吉農芸学院で，1983年に当時法務教官であった和田英隆が，仮退院の直前になって義母が引き取りを拒否したため，投げやりになった少年に実施したときに始まる。和田は，寮の集団の雰囲気を乱し，指導に乗らずに荒れる少年を何とかしたいとの思いから，「自分の思っていることを，お母さんに訴えてみなさい」と言って，原稿用紙を少年に手渡した。すると少年は義母への不満や怒りを一気に紙に書き，書いた後は落ち着きを取り戻したのである。非行少年の更生を願って，心理療法やカウンセリングの理論を学び続けた和田の熱意が実を結んだ瞬間である。

　矯正教育において罪の意識をもたせることが命題である少年院において，ダイレクトに自己の内面の課題に直面化させる方法として，ロールレタリングはうってつけの心理技法として多くの法務教官が飛びついた。和田やロールレタリングを体系化した春口徳雄（当時，人吉農芸学院次長，前西九州大学教授）は，さまざまな学会や研究会で事例報告を行い，ロールレタリングが矯正界に次第に浸透していった。その結果，基本的な実施方法が求められることになり，1991年に和田がロールレタリングの実施マニュアルを作成し，全国の少年院でロールレタリングが非行少年に対する処遇プログラムの一環として導入されることになる。そして，矯正教育の実践を中心に始まったロールレタリングの研究は，学校や看護，福祉をはじめ，一般の心理面接の場にも導入されるようになり，この技法の活用できる領域が少しずつ広がり始めているところである。

● ゲシュタルト療法の「空椅子の技法」から生まれたロールレタリング

　ロールレタリングとは，ゲシュタルト療法の「空椅子の技法（エンプティチ

ェア・テクニック)」にヒントを得て開発された技法である。ゲシュタルト療法は，ドイツ系ユダヤ人として生まれたパールズ（Perls, F. S.）によって創始された心理療法で，過去の体験や生育歴を探索するのではなく，クライエントの「今，ここで」の体験に重点を置いている。

　ゲシュタルト療法にはさまざまな技法があるが，ゲシュタルト療法といえば，空椅子の技法を思い浮かべる人がいるくらい，この技法が代表的である。空椅子の技法は，1人が向かい合う形で置かれた2つの椅子に交互に座り，各々の立場になりきって語りかけることによって，「今，ここで」の気づきを得るところに特徴がある。以下に，筆者の実践例を挙げる。

　このケースは，筆者が殺人を犯した受刑者に対して行ったものである。面接を進めていくと，殺人に至る前に覚せい剤の使用があり，さらにさかのぼって話を聴くと，シンナーやタバコの吸引歴があることがわかった。結局，悪いグループに入ることになるのであるが，そのきっかけは中学生の頃に悪いグループからいじめを受けていたことである。彼らに金品を渡すことでいじめられなくなるのであるが，家の金を持ち出していたことが母親にバレてしまう。そのときの母親の対応に大きな問題を感じた筆者は，いじめられていた事実を母親に告げる場面を空椅子の技法で再現させた。

受刑者：……お母さん，俺，いじめられてたんだ……。（母親の椅子に座って）なんでお金を盗んだの！（自分の椅子に戻って）いじめた相手にお金を渡さないといけなかったから。（母親の椅子に座って）いじめは自分で解決しなさい（拳を強く握り締めている）。
筆者：今，両手の拳に力が入っていますね。その手が何かを語るとしたら，何と言いますか。
受刑者：自分の気持ちをわかってもらえなくて，悲しい……（表情が歪む）。
筆者：今，どんな気持ちですか。
受刑者：寂しいです。
筆者：では，母親の椅子に座ってください。今，お母さんは何と言っていますか。
受刑者：我慢しなさい……ですね。【筆者：他には？】（少し考えて）……何

も思い浮かびません。
筆者：自分の椅子に戻ってください（受刑者は自分の椅子に座る）。今，どんな気持ちですか。
受刑者：寂しくても我慢しないといけないと思います。
筆者：本当はお母さんにどう言ってほしかったですか。
受刑者：（考え込んで）ちょっとわからないですね。
筆者：あなたには子どもがいますか。【受刑者：はい】わが子が「寂しい」と言ったら，あなたはどうしますか。
受刑者：抱きしめてあげます（ハッとした表情に変わり，自ら納得したかのように何度もうなずく）。

　このワークのやり取りから，受刑者は，幼少期にいじめを受けた心の傷を母親に受け止めてもらえず，「我慢する生き方」を身に付けていったことが理解できる。ワーク中の自分自身の身体に無意識に起きている感覚（「拳を強く握り締めている」ところ）を言語化させることによって，「寂しさ」の感情があることに気づき，最後は母親に抱きしめてもらいたかった，すなわち母親から「愛情」をもらいたかったことを自ら洞察している。このように，空椅子の技法では，椅子の往復を何度もくり返すなかで，「気づき」を促すことを重視する。そして，それを手紙の形式に置き換えて行うのがロールレタリングなのである。
　空椅子の技法は「椅子」や「座布団」を，ロールレタリングは「手紙」を使って，どちらも「自分」と「相手」との間の「やり取り」を行う心理技法である。媒体が異なるだけなので，似ているところは多いように思われるが，実際には多くの相違点がある。

●空椅子の技法とロールレタリングの相違点

　空椅子の技法では「椅子」「座布団」といった道具を用いて，「座る」ことになる。他方，ロールレタリングでは紙とペンなどの筆記用具を使って「書く」ことになる。
　個別セラピーの場合を除いて，空椅子の技法は通常，あらかじめ参加者を募

って，10人から多くても20人くらいまでのワークショップ形式で行う。それ以上の人数になると参加者全員がワークをできない場合があるが，自分がワークをしなくても参加者のセッションを見るだけでも勉強になる。自分の問題を他者のワークのなかに投影することによって自分の問題を考えるからである。参加者は順番に自分の悩みや解決したいことをテーマにしたうえで，椅子や座布団に座る。内容によって異なるが，1人1回30分から長くても1時間半ほどで1セッションが終了する。一方ロールレタリングは，1回の課題で終了する場合もあるが，通常は継続して行う。書くにつれて吐き出す内容が深まったり書く対象者が変わったりするから複数回行うことになる。毎回の面接時間は，通常行われる心理面接と変わらず，1回に1時間もあれば十分である。以後，ロールレタリングに書いた内容に基づいて面接が行われることになる。

　空椅子の技法もロールレタリングも「自分」と「相手」との間のやり取りを行うが，その方法は大きく異なっている。空椅子の技法では，受刑者のケースをみてもわかるように，1回のセッションで自分と相手との間のやり取りを頻繁に行う。椅子や座布団の間を何回も行ったり来たりするのである。一方，ロールレタリングの場合は，基本的に1回につき1信で，「相手」か「自分」に対して一方的に自分の思いを書くことになる。たとえば，「私から父親へ」の課題に取り組むなら，ひたすら父親に対する言い分を書くのである。

　空椅子の技法のワークを行っている場合，参加者は怒った表情を浮かべたり拳に力が入ったりするなどノンバーバルな身体反応を示す。また，目の前に座っている相手の表情や態度などイメージを浮かべるように促し，よりリアルな感情体験をさせることもある。こうした場合，参加者の身体反応やイメージ化を捉えてワークを行う。たとえば，受刑者の例のように，〈今，手に力が入っていますね。その手が言葉を発するとしたら，何と言いますか〉とか，〈今，目の前に座っている相手はどんな表情をしていますか。［クライエント：とても寂しそうな表情をしています］それをそのまま相手に伝えてください〉などと言語化を求めて感情体験を促すのである。一方ロールレタリングでは，クライエントがカウンセラーの前で書いてもらうことはあまりなく，通常は宿題の形にするので，1人になって手紙を書くことになる。書いている間，クライエントはひたすら自分の思いを紙につづっていく。もちろん書いている間に過去

を想起し，不満や怒り，喜びや悲しみといった感情がこみあげてきて涙を流すこともあるが，そうした感情体験をしながらロールレタリングを書くのである。感情体験をすることによって「気づき」を得ることは，二つの技法の共通点である。

空椅子の技法は，グループメンバーの前で「今，ここで」の感情体験をして，メンバーからフィードバックをしてもらって終了する。一方，ロールレタリングは1人になって手紙を書いているときに感情体験をする。同時に「気づき」も得ている。そして，書いた後，ロールレタリングをもとにカウンセラーとの面接を行うので，さらに深い感情体験が得られ，気づきも深められるという特徴がある。

● 交流分析の構造分析からみたロールレタリング

交流分析は，アメリカの精神科医のバーン（Berne, E.）が創始した心理療法である。交流分析の基本的立場は，ゲシュタルト療法と同様，「今，ここで」の「気づき」を大切にしている。「今，ここで」自分はどのような思考や感情をもち，どのような行動をとっているのかを客観的に観察し，自己の生き方の問題に気づけば，自発的に自分を変える決断をする。そうすることによって，自他共に肯定的な人生態度（I am OK. You are OK.）の確立を目指すのである。

交流分析では人は誰でも自分のなかに「3つの私」をもっていると考える。それを自我状態の「構造分析」と呼ぶ。具体的には，「親（P = Parent）」，「大人（A = Adult）」，そして「子ども（C = Child）」である。

「親（P）」は「自分を育ててくれた親（または養育者）から取り入れた部分」である。年下の者や仲間の面倒をみたり，実際に自分の子どもの世話をしたりしているときは，自分の親の行動や考え方と同じような振る舞い方をしているものである。これを，Pの自我状態にいるという。「大人（A）」は「現実を客観的に評価し，自律的に働くコンピュータのような部分」である。何か解決すべき課題があるとき，人は自分のもっている知識や経験，判断力などを使って最良の方法を選択し，それに基づいて行動する。このとき人はAの自我状態にいる。最後に「子ども（C）」は「子ども時代と同じような感じ方，考え方，振る舞い方をする部分」である。飲み会やカラオケなどで騒いでいると

きや，遊びやゲームに熱中しているとき，自分が子どもであったときの感じ方，振る舞い方に戻っている。これを，Ｃの自我状態にいるという。

　ロールレタリングに取り組むクライエントの心のなかには葛藤が起きている。それは，本音を言いたい自我状態であるＣと，本音を抑え込ませている自我状態であるＰとの間で，クライエントは煩悶しているのである。したがって，ロールレタリングを書くとき，クライエントはＣの自我状態になりきって，相手のＰに本音を訴えるのである。たとえば，「お父さんは，あのとき何であんなことを言ったのよ！」とか「お母さんは僕のことを愛してくれている？」などとＣ→Ｐの形で本音を書くのである（図１）。そうすることによって，それまでＣとＰとの間にあった「厚い壁」が取り払われて，内面の葛藤が処理されていく。

　さらに自我状態の機能的側面として，Ｐは「批判的親（Critical Parent＝CP）」と「養育的親（Nurturing Parent＝NP）」に分けられる。CPは子どもに対して厳しく強く育てようとする，いわば「父性的Ｐ」を意味し，NPは子どものことを優しく育てようとする，いわゆる「母性的Ｐ」である。Aは１つであるが，Ｃにも２つの機能的側面があり，「自由な子ども（Free Child＝FC）」と「順応した子ども（Adapted Child＝AC）」である。FCは自分の感情や欲求をストレートに表現する「自然な子」であり，ACは周囲の様子をうかがい自分の気持ちを押し殺してまで相手に合わせようとする「いい子」である。そして，自分の本音を言えず抑圧して問題を抱えている子どもや若者たち

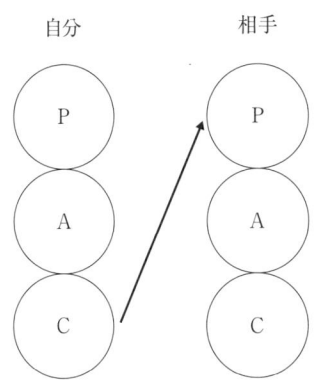

図１　ロールレタリングを書いているときの自我状態

は，ACが高いという傾向がある。

●エゴグラムとロールレタリングの関係からみた心の変化

　前項で，人は誰しも3つの自我状態があることを述べたが，人それぞれ自我状態には片寄りがあるものである。そこで，自分がどのような片寄りがあるのかを知る必要がある。片寄りがわかれば，意識して自分の行動パターンを変えることができるからである。そして，自分のP（CP，NP），A，C（FC，AC）の片寄り具合を見つけ出す方法が「エゴグラム」である。以下，それぞれ5つの自我状態の高低の特徴をロールレタリングの観点からみてみたい。

　CPが高いと，いわゆる「厳しい」要素が強くなる。意識していなくても，周囲の人に自分の意見を押し付けていたり，他人の意見や行動を頭ごなしに否定していたりする。また，「～しなければならない」「～すべきである」という批判的な考えをすることが多い。CPの高さを表す典型的なタイプは，非行少年や犯罪者である。彼らは「男らしくあらねばならない」「弱音を吐いてはいけない」「1人で頑張らなければならない」といった考え方を根強く持っている。したがって，ケアの方法として，素直に自分自身をさらけ出す，すなわち「弱音を吐けること」「弱い自分」を表現することで，「ありのままの自分」でいいという生き方に気づく必要がある。ロールレタリングを行うことによって，背伸びをして無理をした生き方に気づくことができるので，実施後はCPが低くなる傾向がある。自由な自己表現ができるようになってCPが低くなってくると，他者を攻撃したり批判したりすることが少なくなり，友好的な人間関係をつくれるようになる。

　NPの高い人は，他者を受容し，自分の考えを強要せず，思いやりをもって接することができる。一言でいえば，優しく献身的である。いいところだらけのように思われるが，世話を焼きすぎてお節介となったり過保護になったりすることがあるので注意も必要である。逆に，NPが低いと，他人を思いやれない冷たい人になってしまう。ロールレタリングを行うと，NPが上昇することが多い。ロールレタリングで自分の本音を出すと，自分のなかに押し殺してきた感情に気づき，自分にとって問題となっていた影の部分がみえてくるようになる。自分のことがわかるようになると相手のことも理解できるようになる。

相手が理解できると，相手の弱さや弱点がみえてきて自然と相手に優しくできる。

　Ａはコンピュータのように理性的に判断し，合理的な行動をとることができる。中立的で落ち着いた態度で，事実に基づいて公正な判断をすることができる。フラストレーションがあったり問題が起きたりしたとき，適切に解決できるかどうかはＡの自我状態が鍵を握っている。ロールレタリングで自己の気持ちを素直に表現できるようになると，客観的で合理的な判断力を身に付けることができて，Ａが上昇する。したがって，問題行動がなくなり，冷静な行動をとることができるようになる。ロールレタリングを始めた頃はＣからＰに向けて書いていたクライエントも，吐き出しの効果によって，自己理解を深めると，Ａの自我状態が高まって，自分の気持ちや考えを相手に上手に伝える方法を身に付ける。それは，現実の日常生活にも反映され，人間関係がよくなっていく。

　FCが高い人は，何ごとにも縛られず，自由で行動的である。明るく，のびのびと物事を楽しむことができるが，自分さえよければという態度で羽目を外してしまうことが多く，本能的・衝動的な行動が目立ってしまうので要注意である。他方，FCが低いと，感情を抑制して素直に楽しめないため，消極的で萎縮した雰囲気になる。CPと同様，非行少年や犯罪者はFCの高い者が多い。CPに特徴的な批判的な考えとFCにみられる衝動的な行動の２つがセットになって非行や犯罪といった問題行動が起きていることが多い。しかし，今日では，周囲を気にして自分の意見を素直に言えなくなる人が増えていることを考えると，FCをうまく出せることが健康的に生きる一つの方法である。したがって，ロールレタリングで，FCの自我状態になって本音を表現することがポイントである。FCの自我状態になりきって，それまでに出せなかった不満や怒り，喜びや悲しみといった感情表現ができると，すっきりした気分になる。すっきりした気分になると，いろいろな気づきが得られる。

　ACが高いと，従順で，他人に依存しやすくなる。周囲に合わせようとしすぎるため，他人の言うことに左右されやすく，自分の思っていることや感情を表現できなくなる。いわゆる，自分の気持ちを抑圧して周囲に合わせる「いい子」である。くり返し述べているように，今の子どもや若者たちの大きな問題

の一つは，誰にも悩みを言えず，表面上はいい子を演じて，自分の悩みを抱え込んでしまうところにある。したがって，彼らが抑圧していた感情を表出することが，問題を解決するきっかけとなる。それによってACの数値も減少する。それは，ロールレタリングを行った効果として，エゴグラムのパターンが変化することから検証が可能である。

●Cの自我状態を解放することの重要性

　交流分析の基本的な考え方として，P・A・Cの3つの自我状態のなかで，最も重視されるのはAである。精神分析でいうところの「自我」である。人間関係でトラブルを起こす場合，冷静な判断を下せるAを高めることが目標とされる。精神分析でも，超自我とイド（エス）の間の板挟み状態になった自我が問題解決をすることになるので，フロイド（Freud, S.）は「自我を鍛えよ」と言った。

　ロールレタリングにおいても，Aの自我状態が高くなることは望まれる。しかしそれはクライエントが最終的な段階にいるときにみられることであって，最初にロールレタリングに取り組むときに最も重視しているのは，実はCの自我状態である。人は生まれながらにPとAとCの3つの自我状態をもっているわけではなく，赤ちゃんはCの自我状態しかもっていない。成長するにしたがって，Cの自我状態からA，さらにはPへと分化していくのである。赤ちゃんを考えると，Cの自我状態は本能そのものであり，感情生活を営むための源泉である。したがって，Cを解放することが，重要なポイントとなる。

　日常生活では，理性的に生きること（Aの自我状態）が評価されて，子どもっぽさや感情を出すこと（Cの自我状態）はあまりよくないこととみなされる傾向にある。子どもがはしゃいでいると，親は「いつまでも子どもじゃないんだから」と叱る。一般的にいって，親は，子どもを早く「大人」にしようと教育する。「もう高校生なんだから」とか「自立しなさい」といった言葉がけをしがちである。大人であっても，羽目を外していると，「いい大人なんだから」「大人げない」などと揶揄されることもある。私たちは，本来あるべき「子どもらしさ」というものを軽視しているのではないだろうか。子どもは子どものときに「子どもらしく生きること」でいい大人になれる。大人であって

も，ストレスはたまることはあるので，自分の気持ちを解放したいときがある。「子どもっぽさ」をもち続ける生き方が健康的に生きる方法なのに，それが見過ごされている。その結果として，「子どもっぽさ」をもたない生き方が心の病理を生み出すことになる。したがって，ロールレタリングでは，「子どもっぽさ」を取り戻す方法として，抑圧されていたCの自我状態を解放することを求めるのである。

なお，上記に述べたことはFCに当たることであるが，ACを解放することであってもかまわない。ACは屈折した形で表現されるが，「表現されたもの」があるからこそ次の段階へと展開していける。ACが解放されることから始まって，「自分の本当の気持ちを書いてもいい」と思うようになり，FCの解放へと進むのである。

●ACの減少による主訴の改善

先に述べたように，本音を言えずに悩みを1人で抱え込んでいる子どもや若者たちは，ACが非常に高い傾向にある。たとえば，事例5のアパシー青年の場合，ロールレタリングを始める前までは，母親に対して大きな葛藤を抱えていて，そのことが心の底にわだかまりとして残り，日常生活においてやる気を失っていた。最初は，母親へのロールレタリングを書くことに抵抗があったが，第3信の母親へのロールレタリングで，青年はそれまでにため込んでいた不満

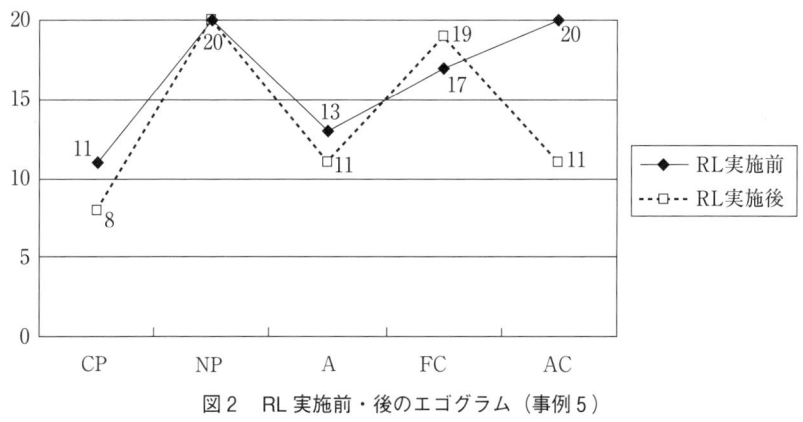

図2　RL実施前・後のエゴグラム（事例5）

や怒りの感情を一気に吐き出し，性格も変容した。その結果として，図2（前頁）にあるように，ACは大きく減少している。ロールレタリングを行った結果として，いろいろなエゴグラムの変化があるなかで，アパシー青年のエゴグラムは，よくみられる変化である。

また，事例6の対人不安の女子学生は，素直な感情を出せず，普通の人間関係であるならば，当たり前に言えるはずの「ありがとう」という言葉さえ家族に言えなかった。しかしロールレタリングで家族や友人に対して本音を書くことによって，アパシー青年同様，ACは減少している（図3）。ロールレタリングを書き終えたこの女子学生は，「もう何も書くことがなくなった」と言い，素直な性格に変容した。「ありのままの自分」でもいいと思えることが，主訴である対人不安を解消したのである。

この2つの事例のエゴグラムからもわかるように，ACが大きく減少したことは，抑圧していた「感情」を吐き出せたから自己受容に至り，素直な生き方を獲得していることを示唆している。すべてのエゴグラムがこのような明確な変化を示すわけではないが，ロールレタリングの効果を検証する一つの方法としてエゴグラムがよく用いられている。もちろんエゴグラムの変化として，常にACが減少する形になるとはかぎらない。とくに本音をすべて書けなかったケースなどは，エゴグラムの変化はさまざまである。字数の都合ですべてを紹介することができないが，事例8の摂食障害の女子学生は，親に対して否定的感情を書くことに抵抗があり，本音を吐き出すことはできなかった。しかしロ

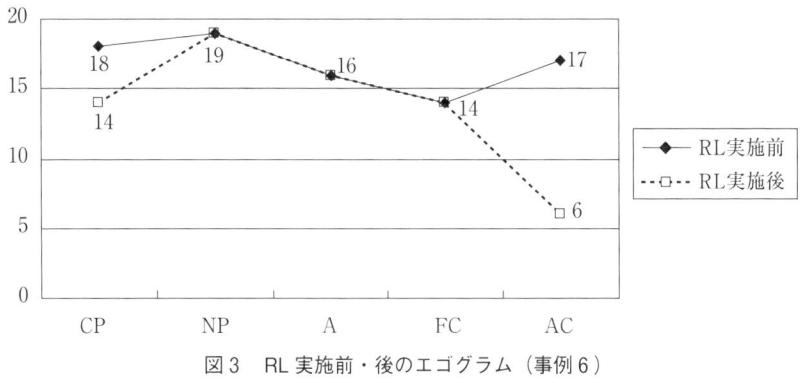

図3　RL実施前・後のエゴグラム（事例6）

ールレタリングの課題を書きやすい形に変えることによって，いろいろな角度から自分をみつめることができ，最終的に冷静な判断力が身に付いている。図4をみると，Aが大きく上昇していることが，この女子学生の心の変化を明確に表している。もちろんACがあまり変化していないことから，まだまだ本質的な問題の解決には至っていないが，少なくともAの上昇によって，今後の生き方が変わることは期待できる。

　今の子育てのあり方として，「大人として生きること」が過剰に期待されているように思われる。すなわち，Aを重視した生き方である。そのため，「子どもらしく生きること」は，「甘えている」「しっかりしていない」などと捉えられ，軽視されてきた。日本人全体が，人間の本能であるCの自我状態を抑圧している傾向があるのである。したがって，今こそCの自我状態の大切さをみつめ直す必要がある。Cの自我状態になりきって，自分の本当の気持ち（感情）を書くことによって，人は変わる。その変わり方は多様であるが，自分の内面と向き合って書くだけに，劇的に変容する場合が少なくない。その変容の検証の方法の一つとして，エゴグラムが活用されているのである。

　ただ，人の変容とは，心理テストだけで検証できるものではない。すべての心理テストにいえることであるが，心理テストはあくまでもそのときのクライエントの心理状態の一側面を捉えているにすぎない。したがって，エゴグラムが変化したことに喜んだり，変化しなかったことに落胆したりする必要はない。変容をみるための最も重要な視点は，クライエントの「人としての変化」であ

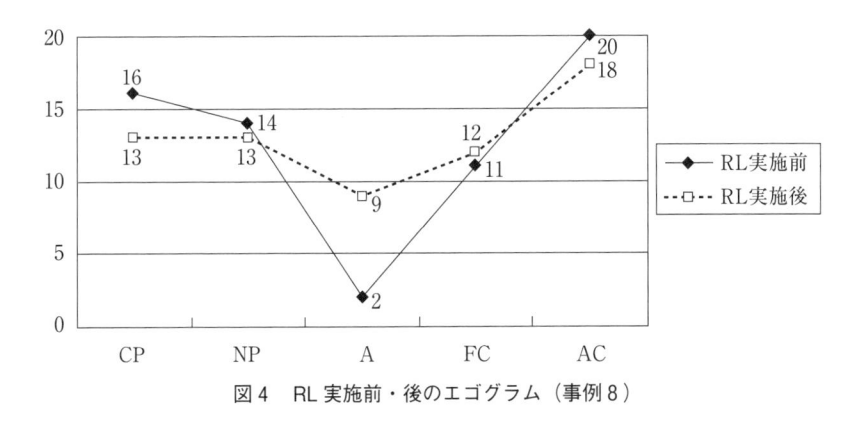

図4　RL実施前・後のエゴグラム（事例8）

る。つまり，クライエントの言動，表情や態度の変化にこそ，本当の変容が表れるのである。私たちは，紙に示された心理テストの結果を一番に重視するのではなく，クライエント自身の語りや行動から内面の変化をしっかりみつめる視点を養いたい。

第3節　ロールレタリングの効果

●吐き出しによるカタルシス効果

　何らかの心の病をもっている人はもちろんのこと，普通に生活している人でさえ他者の目を気にして自分の本当の気持ち（本音）を抑圧している者が少なくない。たとえば，親から大切にされた経験がないと感じて生きてきた女子学生を例に挙げてみたい。そうした辛い経験を誰にも話さず1人で悩みを抱え込んできたのなら，彼女は，両親から愛されなかったことに対する怒りや不満といった否定的感情をずっともち続けて生きてきたことになる。そうした感情は外に表現されなければ，いつまでも彼女の心の奥底に根強く存在し続け，生き辛さを生み出すことになる。その生き辛さが重ければ，摂食障害，リストカットやうつ病になったり，大きな病にならなくても人との付き合い方に影響を与えたりして，良好な人間関係を築くことは難しくなる。彼女に対して，「考え方を変えなさい」と助言したり「バカなことは止めなさい」「そんな言い方はダメだよ」などと叱責したりする方法は，有効な方法になるどころか，彼女は自分の気持ちを理解してもらえないと思って関係が悪化することにもなりかねない。内面の問題に苦しんでいる彼女にとって最も必要なことは，まずはそうしたネガティヴな感情を吐き出すことであり，そこから健康になる道は開けていく。

　筆者は，心が健康になることは，体が健康になることと同じであると考えている。そこで，たとえは悪いが，「ウンチ」と「ご飯」という言葉で体と心の健康のあり方について説明したい。体が健康になるために，私たちは，朝しっかりウンチをして，すっきりして学校や職場に出かけることができる。体の中にたまった排泄物を外に出さないと気分はよいものではない。長い間ウンチが出ないと体調が悪くなることもあるだろう。このことは心にも当てはまる。嫌

なことがあったりモヤモヤしたことがあったりしたら，そうした嫌な気分を外に出さないと，いつまでたってもすっきりした気持ちにはならない。そうした嫌な気分を誰にも言えずにため込んでいくと，大きく落ち込んだり頭痛や腹痛など身体症状に表れたりすることにもなる。そこで，心のなかのネガティヴな感情を外に出す，すなわち「心のウンチを出す」のである。誰かに嫌な気分（心のウンチ）を話せばいい。ただし，「心のウンチ」はどこにでも（誰にでも）出せるわけではない。その相手は，親しい友だちや親だったり，場合によってはカウンセラーだったりする。そうして私たちはすっきりした気分になって元気に過ごすことができる。「ウンチを出す」ということを考えれば，日常生活では「ご飯」も必要である。食事を摂らないと私たちは死んでしまう。心でいえば，ご飯は「愛情」である。愛情も誰からでも得られるわけではない。これも親しい友だちであったり親であったり，カウンセラーであったりする。「ウンチ（＝嫌な気分）」を外に出すことと「ご飯（＝愛情）」をしっかりもらうことが，心と体の健康のためには不可欠である。そして，心のウンチを出す一つの方法が，ロールレタリングなのである。

　心の奥底に抑圧していた感情を吐き出すことで，すっきりした気分，すなわち，「カタルシス効果」が得られる。筆者は，ロールレタリングの最大の効果はカタルシス効果にあると考えている。ロールレタリングに取り組むまで，言えなかった怒り，不満や悲しみといった感情を初めて書くことで，心のなかにあった嫌な気持ちは少しずつ消失する。一回のロールレタリングでネガティヴな感情が一気になくなることもまれではない。長年持ち続けていた感情を表出することによって，クライエントの気分は大きく変わる。抑圧していた感情が大きければ大きいほど，ロールレタリングで吐き出しができれば，クライエントの変容も大きなものになる。心のなかに嫌な感情がパンパンにつまっているから，クライエントは次の段階に進めないのである。カタルシス効果によって心のなかの嫌な気分が取り除かれることによって，新しい考え方や生き方を取り入れられるようになる。

● **自己理解**

　心の奥底にあった感情を外に出すことによって，クライエントの内面が浄化

されると，さまざまな自己理解が得られる。一つ目として，相反する感情があることへの「気づき」である。クライエントの心のなかに根付いていた怒りや憎しみなどのネガティヴな感情が吐き出されると，背景に隠れていた肯定的感情があることに気づくことができる。ゲシュタルト心理学でいうと，心の前面を覆っていた否定的感情（図）が外に出ることによって，肯定的感情（地）が浮かび上がってくるのである。私たちは，愛を与えてくれる存在——多くは養育者である親であり，友人，先生やパートナーなど——に対して，100％ネガティヴな感情をもっているわけではない。しかし，怒りや憎しみが心のなかにいっぱいつまっていると，愛情や感謝といった肯定的感情が心の奥底にあることに気づけない。そこで，ロールレタリングで思い切り否定的感情を書いて，背景に押しやられていた逆の感情に気づかせるのである。

　二つ目の自己理解は，自己の問題行動に対する「気づき」である。ネガティヴな感情を強くもっている者ほど，さまざまな問題行動を起こすものである。それは，万引きやタバコといった非行という反社会的行動として表面化したり，リストカットといった自傷行為や摂食障害や強迫神経症などの心の病理といった形で表れたりすることがある。そうした問題行動に対して，私たちは単純に「止めなさい」と言ったり，叱るといった態度をとったりしがちである。そうすると，クライエントは何も言い返せなくて怒りの感情が増幅され，否定的感情はさらに抑圧されていく。問題行動は，確かに社会的には容認されない表現方法ではあるが，外に出して表現された行為である。それは，苦しみや悲しみ，ストレスといったネガティヴな感情が心のなかにあるからこそ表れた行動である。したがって，そうした問題行動をとった者に対してケアをするのであれば，指示や処罰といった態度で臨むのではなく，なぜ万引きをするようになったのか，なぜリストカットをする気持ちになったのかなど，そうした行動をとるに至った理由にじっくりと耳を傾け，否定的感情を吐き出せるように導くことが解決につながる。たとえば権威的な父親が嫌いでタバコを吸った子どもが，父親に対する否定的感情をロールレタリングで吐き出せると，自分のとった行動がイライラした気持ちを解消するために必要だったことに自ら気づくことができる。本音を吐き出すと，自分の問題行動を起こすに至った原点に気づけるのである。

こうして得られた二つの自己理解は，自分自身で気づいたことなので，問題行動を止めるための強い抑止力となり得る。私たちは，問題行動を起こした者に対して，「バカなことをするな」「このままではダメになるぞ」「これからしっかりやれ」などと処罰や激励といった対応をしがちである。しかし他者から諭されたものは，本当に問題行動を止めるためにはあまり大きな力とはなりにくい。むしろ処罰や激励は，しばらくの間は問題行動を止めさせることができるかもしれないが，結果的にはさらに抑圧を強めることになり，問題を深刻化させるおそれさえある。筆者は，人が問題行動を起こしたときの対応のあり方を根本的に変える必要があると考えている。その一つの方法として，ロールレタリングが活用できる。吐き出しによって自分の問題行動の原点に気づき，それが本当の力となり得るのである。他者に教えられるのではなく，自分で気づくことが重要なのである。こうして，自己理解が得られると，さらに次の段階に進むことができる。

●他者理解

　自分のことが理解できると，自然と相手のことが理解できてくる。たとえば，非難ばかりしていた相手にもそれなりの事情があったなど，相手の立場を気づかう気持ちが生まれ，相手を許す気持ちさえ芽生えてくる。多くのクライエントは，親との間で問題を抱えているものである。自分の親に対するロールレタリングを書いて，否定的感情を吐き出すなかで気づきが生まれ，「お母さんもあのときしんどかったのかな」「父も子どもの頃，辛い思いをしていたのかもしれない」などと自分たちの親もいろいろな苦労をして生きてきたことに思いが至る。自分の親も自分と同じような環境のなかで生きてきたと考えられるようになり，自分の問題が世代間連鎖であったことに気づくこともある。

　ここで強調しておきたいことは，自己理解があるから他者理解が生まれるということである。他者理解があってから自己理解が生まれることはない。自分のことがわかるから相手の気持ちや考えがわかってくるのであって，この逆はあり得ない。しかし一般的に，家庭や学校では，他者理解が優先されている。たとえば，教育現場では「人の気持ちを考えなさい」といった言葉がよく使われる。極端な例を挙げれば，虐待を受けた子どもが他児をいじめている場面を

みて，大人が「もっと人の気持ちを考えなさい」と言うことは実に酷な言葉をかけていることになる。自分の心の傷つきをみつめ，心のなかにつまっているネガティヴな感情を吐き出さないで，相手の気持ちなど考えられない。人の気持ちを考える前に，自分の内面（虐待であれば，それによって受けた心の傷つき）をみつめる方が先である。苦しかった思いや憎しみといった感情を吐き出し，そうした否定的感情を支援者に受け止められることによって，初めて他者のことを考えられるようになる。

　ロールレタリングで他者理解を得ることに関して，重要な指摘をしておきたい。一般的にロールレタリングは「自分から相手へ」と書いた後，「相手から私へ」と往復の書簡を書くこととされ，「相手の立場になって考えること」が重視される傾向にある。しかし相手の立場に立たなくても，自分の気持ちを吐き出すことによって，自然と相手のことも理解できるようになるのである。後で詳しく述べることになるが，このことは，相手の立場になって相手の気持ちを考えさせようとしてきた矯正教育におけるロールレタリングの実施方法を根底から覆す考え方である。

　もちろん，相手の立場になってロールレタリングを書くことは，相手の気持ちを推測するためには必要である。しかし，ただ「相手の立場になって書きなさい」と言って書かせても効果が得られないことが多い。実際にやってみればわかるが，相手の立場になって書くことは容易ではない。だからこそ，支援者は，相手の立場に立たせてロールレタリングを行うときのタイミングを見極めるとともに，ちょっとした助言が必要なのである。このことについては，次節の実施方法のところで述べたい。

● **自己受容と他者受容**
　自己理解があり，他者のことも理解できるようになってくると，今の「ありのままの自分」でいいという気持ちに次第になってくる。すなわち「自己受容」である。それまで無理をして周囲に対して自分を強く見せていたことがストレスになっていることに気づけば，自分に無理をしない生き方が身に付いていく。自分自身に対して厳しい生き方をしてきたり，自分の弱い面や嫌な性格に嫌悪感を抱いたりしていた人は，「こんな自分でもいいんだ」と自分を許せ

るようになってくる。

　自分を受け入れられるようになってくると，それと並行して他者も受容できるようになってくる。自分のことを許せると，相手のことも許せるようになってくるからである。すなわち「他者受容」である。人は，相手に対していつまでも怒りや憎しみの感情をもち続けていると，いつまでも相手を許すことができない。しかし吐き出しによって自己理解を得て自己受容できると，自分の弱点や嫌いだった面を受け入れられるようになる。それは，ひいては他者の弱点や嫌いだった面を受け入れられるようになることに通ずる。暴言を吐いたり嫌な態度をとったりする相手に対して，そうした言動をとるだけの悲しみや辛さが相手にもあったことが理解できるから，相手を許せる気持ちが生まれてくるのである。

　これまでに書いたロールレタリングの効果を図5に示した。抑圧していた感情の吐き出しからカタルシス効果があり，クライエントは自己理解を得て，他者のことを理解できるようになる。そして，「ありのままの自分」でいいと自己を受容し，他者をも受け入れられるように変容していく。これが，ロールレタリングを行ったことによる心の変容過程である。「吐き出しによるカタルシス効果」から始まって，自己と他者に対する理解が生まれる。こうした心理的変化から，さらに以下に掲げた効果が派生する。

●自己表現力の向上

　言葉にして自分の思いを書くと，さらに「自分の気持ちを表現したい」という気持ちが高まってくる。これまで言えなかったことをロールレタリングで吐

吐き出しによるカタルシス効果 → 自己理解 → 他者理解 → 自己受容と他者受容

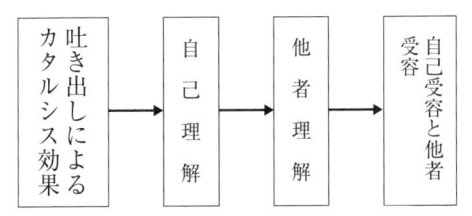

図5　ロールレタリングによるクライエントの心理的変化

き出すことで，堰を切ったかのように，自分の気持ちや思いを表現したいという意欲が生まれてくる。固く閉ざされていた「心の殻」に風穴が開いて，殻のなかにあったドロドロとした感情が一気に流れ出すといった感じであろうか。

　ロールレタリングで本音を出せると，自分の気持ちを素直に書くことに喜びや快感を覚える。そうすると，そうした変化は日常生活に反映することが多い。それまで自分の気持ちをなかなか表現できなかった者が，自分の思っていることを素直に人に言えるようになる。そうした場合，それまで皮肉っぽかったり攻撃的であったりした言い方が，相手にも受け入れられる表現に変わる。たとえば，「私なんかいなかったらよかったと思っているんでしょう」と屈折した言葉が，「私のことを愛してほしい」と表現できるようになったり，「お母さんの言い方が気に入らない」と相手を非難するだけの言い方だったのが，「そう言われると傷つくんだよ」と自分の傷つきを素直に伝える言い回しができたりするようになる。ロールレタリングによって，自分の気持ちを相手に上手に伝える方法を自ら身に付けられる。その点では，自然な形で自己表現をする訓練ができているのであり，ロールレタリングにはSST（ソーシャル・スキル・トレーニング：社会技能訓練）の効果もあるといえる。

● 認知と行動の変化

　これまで一方的な見方しかできなかった者が，いろいろな視点から自己をみつめることになるので，自分自身がいかに凝り固まった考え方をしていたのかに気づき，極端な認知の歪みを修正することになる。たとえば，以前ならちょっとした他者の言動を重く受け止めていた者が，「まあ，いいか」と軽く受け流せるようになったりする。ロールレタリングで得られた認知の修正は，誰かに指摘されたのではなく，自ら気づいたことなので，受け入れやすいという利点がある。

　認知の変化とともに起きてくるのが行動の変化である。一言でいえば，前向きな行動が出てくるのである。家にこもっていた者が外出できるようになったり，人と話をするときに緊張しなくなったりする。また，自分の問題行動をどうしても親に言えなかった者が親に告白したり，実際に親に書いたロールレタリングを渡したりするなど，直接葛藤の対象者に行動を起こすこともある。

また，相手の気持ちになって考えたことが乏しいクライエントは，ロールレタリングを行ったことで，相手の立場や気持ちを考えるという習慣が身に付き，相手との付き合い方も変わってくる。自分の気持ちを押し殺してまで相手に合わせるのではなく，自然と相手の気持ちを考えた言動をとれるようになる。

　行動の変化として，筆者が強調したいことは，他者に対して素直に頼れたり，甘えたりできるようになることである。ロールレタリングをする前のクライエントの大半は，1人で我慢したり悩みを抱え込んだりしている。しかし「ありのままの自分」でいいと思えることによって，自分も相手も受容できるようになると，他者への信頼感や安心感を得ることができる。1人で頑張ることが問題行動につながっていったクライエントにとって，他者に頼れたり甘えられたりできるようになることは彼らの生き方を大きく変えることになる。また，他者に甘えられるということは，つまるところ，「愛されたい」と思う人間本来の欲求を素直に表現できることでもある。親子関係に問題のあったクライエントは，ロールレタリングを行うことによって，素直な愛情表現を親に伝えられるようになる。

　ところで，「認知と行動の変化」というと，認知行動療法を思い浮かべる人が多いのではないだろうか。認知行動療法は，クライエントの認知の歪みを，基本的には過去をふり返るのではなく，現在の生き辛さを生み出している考え方や捉え方を検討し，生きやすい形に変容させる心理療法である。方法として，自分のネガティヴな思考パターンを少しずつ変えるように意識づけたり，それまでの不健康なストレスの発散方法を健康的なものに変えていったりするように，自己コントロールするのである。その点では，認知行動療法は，訓練的な側面をもっているとも考えられる。訓練的な方法は，誤って用いられると，抑圧を生む可能性があることに気をつけたい。毎日継続して，元の悪循環の状態に戻らないように自分を律しないといけないからである。他方，ロールレタリングによってもたらされた認知と行動の変化は，現在をよりよく生きるために，過去をふり返り抑圧していた感情を吐き出すことによって得られた効果である。その点では，得られる効果は同じでも，アプローチの方法はまったく異なっている。ロールレタリングは，自分の内面をみつめて自己の認知と行動を変容させるという点で，根本的な治療技法ではないかと筆者は考えている。

●性格の変化

　認知が変わり，行動も前向きになると，クライエントのパーソナリティが変化する。素直になったり，明るくなったり，短気な面が目立たなくなったり，他者に対して優しくなったりする。性格が変容すると，当然のことながら，それまでの人間関係も改善する。ロールレタリング実施後に出る発言として，クライエントは「父親（母親）が優しくなりました」と語ることがある。こうした変化が起きるのは，クライエントが変化したから父親（母親）の対応も変わったのである。自分の性格の変容が，周囲にもよい変化を与えることになる。そう考えると，ロールレタリングは人間関係を変容させる効果もあるといえる。

　以上，ロールレタリングの主な効果を挙げたが，他にもさまざまな効果が得られる。クライエントは，自分の頭のなかだけでモヤモヤと考えて悩み苦しんでいる。つまり「思考」を使っている。しかし実際に文章に書くことによって，自分の心のなかの「感情」に気づくことができる。また，もともとあった感情をリアルに再体験することで，感情が深まることもある。こうした効果は，書くことによって得られた「感情の明確化」である。また，吐き出すことによって，気持ちも安定する（精神的な安定）。さらに，自分と相手の気持ちがわかることによって，自分のことを客観的にみつめることもできる。そうすると，冷静な判断力が身に付く。これは「自己の客観視」の効果である。交流分析でいえばＡの自我状態が高まることを意味する。このように，ロールレタリングは，さまざまな効果が得られる心理療法の一技法である。

第4節　ロールレタリングの実施方法

●マニュアルに頼る危険性

　初めてロールレタリングを実施した和田は，ロールレタリングの指導マニュアルを作成している。そのマニュアルには，役割をとって書簡を交換する実施方法が記載されている。たとえば，「自分から母親へ」と書けば，「母親から自分へ」と往復の書簡を書き，それを何通も非行少年に書かせるのである。ロールレタリングは瞬く間に矯正教育に導入され，今では全国の少年院で多様な形

でロールレタリングが導入されているが，実施方法は「往復の書簡」を何通も書くことが基本となっている。すなわち，和田のマニュアルが今でも踏襲されているのである。しかし，このマニュアルが，矯正教育におけるロールレタリング研究が進まなくなった一因なのである。先にも述べたように，相手の立場に立つことは難しく，またそうした往復書簡の形で心の奥底にあるさまざまな思いを何通も書けるものではない。そうした実施方法を行う背景には，「反省」を強く求める少年院の指導者のスタンスが垣間みえると同時に，マニュアルに沿って実施しておれば無難であるという思い込みがある。しかし人間の心理，とくに犯罪を起こすような非行少年の心の問題は個別であり，そうした問題は一律に実施するマニュアルに沿って解決できるものではない。そして，それは非行少年にかぎらず，一般のクライエントにも当てはまることである。

　最近の心理療法の技法のなかにはマニュアル化されたものがある。マニュアルがあれば，それに沿ってやっていけば支援者にしてみれば安心である。そうすると，心理療法は誰でもできることになる。マニュアルに付いていけない（落ちこぼれる）クライエントが出てくると，「頑張って，（マニュアルに）付いていきましょう」と励ますことになる。そうした実施方法においては，極端な言い方になるが，支援者の臨床としての技能は不要ということになる。うまくいかない場合は，マニュアルに付いていけないクライエントの責任となるのである。

　しかし，くり返しになるが，クライエントの苦悩や悲しみ，ストレスなどは多様である。クライエントの個別の問題を汲み取って技法を導入すべきなのに，マニュアルが優先されているのが実情である。そうすると臨床家は自らの臨床の力量を高めることに関心をもたなくなる。いかにマニュアルに乗せるかが課題となり，場合によってはクライエントを「励ます」どころか「力づく」で技法を押し付けることさえあり得る。実際，2009年に広島少年院では，マニュアルに乗らない少年に力づくで指導を強要した法務教官による暴行事件も起きている。マニュアルに頼る者は自分の臨床の力量は問われることはない。厳しい言い方をすれば，自信がない者ほどマニュアルに頼るのである。

　とくに矯正教育においてロールレタリングを導入する指導者は，心理臨床を学んだ者が少ないことや，多くの非行少年のケアに当たらないといけないとい

った事情もあって，臨床の学びを深めることよりも，手っ取り早く反省を求めやすい手段としてロールレタリングが使われる傾向がある。結果として，りっぱな反省文を書けた少年が評価されることになり，内面の問題をみつめることなく，少年院を出院していくことになる。悪いことをしたら，しっかり「反省」することを学んで社会復帰した少年が，再び犯罪を起こすという悲劇が起きている。

　マニュアルはあくまでも参考程度と考えるべきである。マニュアルを用いる前に，私たちは1人のクライエントと相対しているのである。マニュアルは人間を画一化して捉えてしまう側面があることを忘れてはならない。クライエントの心の悩みや回復の過程は多様である。そうしたクライエントに対して，マニュアルをそのまま進めていくことには無理がある。クライエントが健康になることが目的なのであって，ロールレタリングのマニュアルを強要することは本末転倒になりかねない。

　そうすると，ロールレタリングにはマニュアルが存在しないことになる。とはいえ，何らかの手順がないと，初めてロールレタリングをやってみようと思う方にとって，どのように導入していいかわからない。したがって，以下に述べることは，マニュアルというよりも，ロールレタリングをクライエントの書く気持ちに寄り添った形で実施するうえでの「考え方」という捉え方で読み進めてほしい。

● **ロールレタリングに取り組めるための要件**

　ロールレタリングに取り組むために必要なことは，クライエントにいかにロールレタリングを書こうという気持ちにさせるかである。そのために不可欠な要件は，他の心理療法と同様，カウンセラーとクライエントとの間に信頼関係ができていることに尽きる。1回の面接で課題が明らかになって，たとえば【私から父親へ】のロールレタリングという本質的な課題に取り組めるクライエントもいる。しかしそれも，初回面接でクライエントがカウンセラーに対して安心感や信頼感をもったから書く意欲が生まれたのである。すぐに取り組めるクライエントであっても，書くまでに時間を要するクライエントであっても，重要なことはクライエントが「この人（カウンセラー）にだったら本音を書い

てもいい」と思ってもらえることが大切である。
　次に必要なことは，クライエントが何らかの葛藤を抱え，自分の問題を治したいという意欲をもっていることである。「自分の過去の生活や生き方がよくなかった」と感じ，「今の状態ではダメだ」「自分を何とかして変えたい」という意識をもっていることである。非行少年なら「挫折感・敗北感からの立ち直りの意欲」であり，一般のクライエントであれば「葛藤している状態（不快な状態）から脱出したい意欲」である。ロールレタリングは自分の内面と直面化する技法である。それだけに，「自分を変えたい」という意欲がないと積極的に取り組むことはできない。ただ，最初は，そうした意欲をもっていないクライエントであっても，少しでも言葉に出して書くことがきっかけとなって，積極的にロールレタリングに取り組める意欲をもつようになることも少なくない。そして，その意欲を引き出すためには，やはり支援者の存在が不可欠である。
　ロールレタリングは，心のなかにあるネガティヴな感情を吐き出す技法である。そうした感情を吐き出すためには，クライエントを支える支援者がいるから，自己の内面と向き合う勇気が生まれるのである。汚い例になるが，ネガティヴな感情とは，「心のなかの『汚物』を吐き出す」ようなものである。自分1人で汚物を吐くことは辛い。誰かに背中をさすってもらえるから，力をふり絞って汚物を吐き出せるのである。背中をさすってあげる存在が支援者の役割である。これが3つ目に必要な要件である。
　ネガティヴな感情は出してはいけないものと考えているクライエントは多く，実際にネガティヴな感情を外に出すことは容易ではない。したがって，これまで言えなかったネガティヴな感情を吐き出すということは，支援者に心を開いているということである。自分の書いた文面を受け止めてもらえるということが快感となって，さらに自分の内面をみつめていく気持ちが高まっていくのである。支援者に心を開いて「愛情」という「心のご飯」をもらえることが信頼関係を深める。それは，ひいては他者を頼っていいという，生きるために大切なことの学び直しをしていることにも通じる。
　ロールレタリングは自分が差出人であると同時に受取人であるという点で，セルフカウンセリングの一技法と考えられているが，少なくとも心理面接で活用する場合，カウンセラーの存在は不可欠である。人は，自分の悩みを誰かに

聴いてもらいたい，そして自分の思いを誰かに受け止めてもらいたいと思うものである。自分の思いをしっかりと受け止めてくれる支援者の存在があるからこそ，ロールレタリングに取り組む気持ちが生まれてくる。とくにロールレタリングで自分の気持ちを表現した後，クライエントは心を開きやすくなっている。誰かに話を聴いてほしいという気持ちも高まってくる。また，抑圧していた感情を吐き出すことは，それまで保っていた心のバランスを失う場合もある。こうした揺れ動きがあるだけに，クライエントが支援者に守られているという安心感を抱いていることは必要である。

●ロールレタリングの導入方法

　基本的に，ロールレタリングの導入方法はシンプルである。たとえば，初回面接で，クライエントが母親への葛藤を語ったとする。面接者は受容しながら，さらにクライエントの言葉を傾聴していく。その後，面接者は「手紙の形で，母親に言いたいことを思い切り書いてくれませんか」と伝えてみる。クライエントが「やってみます」と言えば，宿題の形で，家で1人の時間をつくってロールレタリングを書くように求める。この場合，カウンセラーは「実際に書こうと思っても書けないことがある。そのときは無理して書かなくていい」ということを伝えておく。また，「たくさん書く必要はない。一行でもかまわない。逆に，書きたくなったら何枚書いてもいい」とも付け加えておく。

　しかし，ロールレタリングに興味をもったとしても，いきなり葛藤の対象者に書けないクライエントは少なくない。その場合，クライエントに書きやすい対象者を選んでもらう。たとえば，母親が一番の葛藤の対象者であったとしても，まずは友人や先生など身近な者を選ぶのである。事例5の男子学生は「アルバイト先の店長」から書き，次に母親への手紙を書いている。他の方法として，第1節で紹介したように，【私から父親へ】のロールレタリングを書くのではなく，【私の父親について】を課題にするのも有効である。思考を使った文章は書きやすいからである。クライエントが書いた【自分の父親について】をもとに面接をするなかで，カウンセラーが「このときは，どんな気持ちだった？」「このとき，すごくしんどかったのではないですか」などと応じることで，クライエントが父親に対するネガティヴな感情をリアルに感じるとロール

レタリングに取り組む気持ちになってくる。

　ところで，ロールレタリングを書く紙はどうするのか。あらかじめロールレタリングの用紙を準備する者と，クライエントの自由に任せる者がいる。筆者は，クライエントに任せることにしている。理由は，ロールレタリングの用紙があると，その用紙に合わせて書こうとするクライエントがいるからである。細かい話になるが，一ページの罫線の数の多さに圧倒されたり，逆に足らなかったりするという場合もある。そのようなことを考えると，クライエントが好きなように書く方がいいと思っている。ルーズリーフの紙に書く場合が大半であるが，そのサイズもB5であったりA4であったりさまざまである。白紙に書く者もいる。ロールレタリングを書くか書かないかも含めて，すべてクライエントの自由に任せている。

　注意したい点は，パソコンで書くクライエントがまれにいることである（事例8）。パソコンで文章を書くと，読みやすい文章に書き直したり，誤字脱字に気をつけたり，文章の流れを変えたりするなど，「思考」を使ってしまうことになる。抑圧していた「感情」を吐き出すことが狙いであるだけに，やはり鉛筆やペンを手に取って，誤字脱字など気にせず，感情の流れるままに紙に書いてほしい。

　面接でロールレタリングを書くことに決まったとき，クライエントに伝えておきたいことがある。それは，以下に述べるロールレタリングの「書き方」である。

●「話し言葉」で書く

　ロールレタリングは手紙形式の心理技法である。クライエントのなかには，「拝啓」や「前略」などで書き始める者がいるが，この書き方はあまりお勧めできない。拝啓や前略と書けば，後に続く文章は，「お元気ですか」とか「暑くなってきましたが，お変わりありませんか」と展開していくことになりがちである。これでは心理療法としての効果はあまり期待できない。ロールレタリングは実際に相手に見せるものではない。くり返しになるが，相手に対する自分の本音を吐き出す技法である。したがって，一番言いたいことを「話し言葉」で書くように伝えておく。「お前のことが大キライ」「お父さんが怖い」

「ずっと寂しかった」「今まで言えなかったけど，ありがとう」。こうした感情をともなった本音が文面に表現されていることを見極めたい。とくに，ロールレタリングは書き出しが重要である。書き出しで，一番言いたいことが書けているかに注目したい。

クライエントのなかには，カウンセラーに読んでもらうのだから，きちんとした文章を書かないといけないと思っている者が少なくない。誤字脱字を気にしたり，読みやすい文章を書こうとしたり，文法的に誤っていないかを気にしたりするのである。そうすると，筆が進まなくなる。したがって，「丁寧な文章を書く必要はない。誤字など気にしないでいい。話し言葉で，感情の流れのまま書いてほしい」と言っておくのである。クライエントは感情を抑制してきた者である。それゆえに，ロールレタリングを書いていて感情が出てくると，それを抑制しようとする。感情を表出することが目的であるから，感情が出てきたら，そのままどんどん書き進めてほしいと伝えておく。

感情に対して鈍感になっているクライエントは少なくない。その場合，感情を吐き出せるために，あらかじめ面接で，クライエントにロールレタリングで書く対象者に対して「どのような感情を抱いているか」を確認しておくことも有効である。母親に対して葛藤があるクライエントに対して，カウンセラーが「今，目の前にお母さんがいるとしたら，何と言いたい？」などと質問してみる。そこでクライエントが「お母さんは過干渉で嫌。大キライ」と言えば，「その気持ちを思い切り，手紙の形で書いてください」と伝えておく。実際に「空椅子の技法」をやってみることも効果的である。

また，否定的感情を吐き出すのであるから，たとえ相手が親や目上の人であったとしても，「お前」とか「あんた」といった言葉を使ってもかまわないと言っておく。相手からの反論はないので，「相手がどう思うかを一切考えないでほしい」と伝え，自分の言いたいことを思い切り書くことが大切であることを強調しておく。

なお，ロールレタリングを書く対象であるが，基本的には「葛藤の対象者」になるが，必ずしも「人」でなくてもかまわない。事例5のように「音楽（ベース）」や，「食べ物」「大切にしている物」「時間」といったものも書く対象になる。クライエントが書きたくなる相手（それが，人であってもモノであって

も）はすべて書く対象になる。

● 「自分から相手へ」の形を中心に

　すでに述べたように，ロールレタリングは「自分から相手へ」，そして「相手から自分へ」と往復書簡をくり返す方法と一般的に考えられているが，相手の立場に立って自分に手紙を書くことは容易ではない。ロールレタリングでは，まず自分の心のなかにため込んでいた葛藤を「吐き出す」ことが重要である。そのためには「自分から相手へ」の書き方で書き進めていく方法が効果的である。

　ロールレタリングがうまくいかなくなるケースの一つは，カウンセラーが，クライエントの気持ちを考慮せず，ロールレタリングをパターン化して導入する場合である。典型的な例が，マニュアル通り，「自分から相手へ」と書いた後，「相手から自分へ」という形で書かせないといけないと思い込んでいる場合である。まだまだ相手に対する不満や怒りなどがある段階で，相手の立場に立つことなどできない。また，「相手の気持ちをわからせよう」と意図して導入する場合もロールレタリングの効果はあまり期待できない。これは，とくに矯正教育の現場で起きやすいケースである。矯正教育における指導者のなかには，非行少年や犯罪者の甘い考え方を反省させたり，被害者の心情を考えさせようとするあまり，いきなり迷惑をかけた親の立場に立たせたり，最初から「被害者から私へ」の課題を設定することがある。自分の内面を考えないうちに相手の気持ちに立たせると，書くのが辛くなったり，書けても表面的なロールレタリングになったりする。ロールレタリングを相手の立場をわからせようとして導入すると，矯正教育の場合であれば，被害者の立場に立たせて，反省文を書かせることが目的になってしまう。「申し訳ありませんでした」「死んでお詫びしたいです」といった言葉を引き出すだけに終わってしまう場合があるが，そうした「りっぱな謝罪文」が評価されてしまうという皮肉な結果となる。ただ反省するだけの文章は，評価を気にしたり自分の気持ちに蓋をしてさらに少年の本音を抑圧させたりすることになってしまう。相手への不満や怒りなどの本音が解放されないかぎり，相手に対する真の理解などあり得ない。

　極端な言い方をすれば，ロールレタリングでは相手の立場にまったく立たな

くてもかまわないと筆者は考えている。くり返しになるが，ロールレタリングの効果は「吐き出し」の効果である。抑圧していた感情を表出させることが一番の目的である。第2節でも述べたように，「自分から相手へ」の形で自分の内面にある思いを発散させることによって，自分のことが理解でき，自ずと他者のことも考えられるようになる。「相手から自分へ」のロールレタリングを書くことだけが相手のことを理解する唯一の方法ではなく，むしろ「自分から相手へ」を思う存分書くことが相手への理解に通じるのである。このことは矯正教育にも当てはまる。被害者の苦悩を心から思いやるためには，最初に反省させるのではなく，まずは自分の感情を外に出すことである。その結果として，最後に自ずと被害者の苦悩を感じとれるようになってくる。吐き出しから始まって，最後にわいてくるものが真の反省や謝罪なのである。

　十分に吐き出しができ，面接でも相手の立場を思いやるような言葉が出てくると，クライエントも相手の立場になって書く気持ちになれるものである。「相手から自分へ」のロールレタリングを実施するのならば，そのときが書くタイミングである。

●「相手から自分へ」のロールレタリングを書くときの留意点

　クライエント自ら「相手の立場を考えてみたい」とか「相手は（この手紙を）読んだらどう思うだろうか」と言ったり，カウンセラーが相手の立場に立って考えさせることが必要であると思ったりしたとき以外は，基本的に「吐き出し」を中心に書き進める。そして，十分に吐き出しができたときに，相手の立場を推測させると他者理解が深まっていく。

　「相手から自分へ」のロールレタリングを書くとき，ただ「相手の立場になって，自分に手紙を書いてみてください」といって書かせると，相手との過去の会話の再現をしているだけの内容になる場合がある。普段の相手との言い争いや相手が言っていることをそのまま書いても，深い気づきは得られないことが多い。そこで，ちょっとした工夫が必要である。普段の相手との言い争いや相手が言っていることの背景にある相手の心情を探らせるように助言するのである。具体的には，「お母さんは心の底ではあなたに何を伝えたいと思っているのかな」「あなたが父親に本当に求めているものは何かな」などといったこ

とを伝えたうえで,「相手から自分へ」のロールレタリングに取り組ませるのである。そうすると,クライエントは相手の寂しさや辛さといった本音を推測したロールレタリングを書き,気づきが得られるのである。

　しかし,くり返しになるが,筆者は無理に相手の立場に立ってロールレタリングを書かせなくてもよいと考えている。相手への「吐き出し」が十分であれば,それだけでも相手のことが理解できるようになることを強調しておきたい。

●どういった人にロールレタリングは使えるのか

　心理療法全般にいえることであるが,いかなる技法であっても万人に共通して有効な方法など存在しない。とくにロールレタリングは「書く」心理技法だけに,書くことがクライエントに合うか合わないかの問題がある。ロールレタリングが合う場合について言及すると,いうまでもなく,書くことが好きなクライエントに向いている。毎日,日記を付けたり,文章を書いたりすることが好きな者には積極的にロールレタリングが導入できるだろう。事例5の音楽活動をしていた男子学生は,普段から作詞をしたり小説を書いたりしていたので,吐き出しの効果を実感すると,自らロールレタリングの課題を設定して,心のなかの葛藤を処理していった。次に,ロールレタリングが合わない場合であるが,やはり書く習慣があまりない者にとって,苦手になるかもしれない。この場合,しばらく通常の面接を行い,言葉での吐き出しの効果が実感されれば,導入を試みてみるのもよいだろう。言葉で心を開ければ,書くことによる吐き出しも可能だからである。

　ところで,ロールレタリングは誰にでも導入できるのであろうか。何歳の子どもでも,またどんな病態の人でも書くことができるのだろうか。こうしたロールレタリングの適用の範囲に関する問題は研究課題の一つであるが,今のところ筆者は,およそ話すことができる者なら誰でもロールレタリングを書くことができると考えている。大切なことは,「書く能力」ではなくて,「心を開くこと」だからである。心が開ければ,「書き言葉」も自然と出てくるものである。たとえば,母親との間に葛藤があったある女子高生は「私は母親が嫌いです」と一行だけのロールレタリングを書いたことがある。面接をすると,その一行を書くために,彼女は一週間ロールレタリングのことが頭から離れず,ず

っと何を書こうかと悩んでいたというのである。その結果が，一行に込められた母親への憎しみである。ずっと「いい子」で育ってきた彼女にとって，たった一行のロールレタリングを書くことに多くのエネルギーを費やし，それが自分自身を変えるきっかけになったのである。継続的にロールレタリングを書き続けて，クライエントが大きく変われることに越したことはない。しかし，たった一回だけの，それも一行だけのロールレタリングでも心理的効果は得られる。「先生，あのね」から書き始めて，何十枚もロールレタリングを書いた知的に遅れのある少年もいる。万人に有効ではないが，自分の気持ちを吐き出してみたいという人になら誰にでもロールレタリングを効果的に導入できると筆者は考えている。

第5節　ロールレタリングの面接方法

●基本的な面接の流れ

　ロールレタリングを書くことに決まったら，ロールレタリングを導入した面接を開始する。基本的にロールレタリングは宿題の形でクライエントに自宅で書いてもらう。書く紙はとくに指定せず，いつ書けばいいのかも自由である。もちろん書き方に関する質問があれば答えるが，基本的にはすべてクライエントに任せる。一週間後の面接の際，書いたロールレタリングを持参してもらい，その場で面接者が黙読する。面接ではロールレタリングに書いた内容に基づいて，クライエントの話を傾聴し，最後に次回の課題を設定して，面接が終了する。以後は，この形の面接を継続していくことになる。

　ロールレタリングには誰にも知られたくない内容を書くことになるので，面接を開始する前に，書いたロールレタリングを面接者に開示するか開示しないかをクライエントに質問する。クライエントのなかには，面接者に対して書いた内容を見せたくないと言う場合もある。そのためにも，クライエントが安心して書くための配慮が必要である。

　なお，本書のクライエントは皆，開示しているケースである。実は，今のところ筆者は，開示したくないと言ったクライエントに出会ったことがない。信頼関係ができていることが基本となって，クライエントは筆者に心を開いてく

れていると考えている。同時に，筆者に読んでもらうことで，筆者からのフィードバックを期待しているとも捉えている。

それでは，ロールレタリングを開示しない場合の面接はどうすればいいのであろうか。筆者自身が経験したことがないので詳細に書けないが，開示する場合と同様に，後に述べる面接方法を取り入れるとよいだろう。ただし，書いた内容を直接目にすることはできないので，ロールレタリングを書いた感想や内容を尋ねながら，クライエントの言葉を傾聴して面接を進めていくことになる。以下，面接を進めるうえでの質問事項を整理する。

● **面接を深めるための質問事項**
1．感想を尋ねる

ロールレタリングを初めて書いたクライエントに対して，「書いて，どうでしたか」「どんな気持ちになりましたか」と感想を尋ねるところから始める。初めてロールレタリングを書いたことによって，クライエントはさまざまな思いを抱いている。相手への怒り，不満などが吐き出される一方で，相手を非難したことに対して罪悪感を抱く者も少なくない。まだまだ言いたいことがあると訴える場合もある。他方，言いたいことがほとんど書けないこともあるだろう。そのときも，なぜ書けないのかを言語化させる必要がある。まずは感想から，クライエントに自由にロールレタリングに込められた思いを語ってもらう。

その際，クライエントが「感情」をともなってロールレタリングを書いていたかどうかを確認する。「腹が立ってきました」「悲しい気持ちになりました」「涙が出て止まりませんでした」といった感情表出が認められる感想をクライエントが述べれば，ロールレタリングがうまく進んでいる証拠である。感情表出が認められない感想（例：「何も感じませんでした」「よくわかりません」など）が語られた場合，対策として二つの方法が考えられる。一つは課題の提示の仕方である。まず，クライエントが感情を表出しやすいテーマに変更する。事例5のように，身近な存在の者を対象にロールレタリングを書いてもらう。また，事例8のように，「自分から自分へ」の自己内対話の方法も比較的書きやすい。人は誰しも心のなかに「さまざまな自分」をもっている。「今の自分」「理想の自分」「嫌な自分」「好きな自分」「過去の自分」「強気な自分」「弱気な

自分」など挙げればキリがない。たとえば「今の自分から理想の自分」といった形で，2人の自分との対話を行うのである。表現されたものから，次への課題が明らかになったり思わぬ気づきが生まれたりする。課題の提示の仕方の3つ目として，幼い頃に戻って，ロールレタリングを書くように促すのである。幼い頃の悲しかったり嫌な思いをしたりしたときのエピソードを踏まえて，ロールレタリングを書くと，ありありと過去を想起して感情をともなってロールレタリングに取り組むことができる。以上の方法でも書けない場合は，ロールレタリングをいったん中断することである。ロールレタリングに取り組む意欲がなければいったん中止して，通常の面接を行い，意欲が生まれてきたら，再開すればよい。

　問題は，クライエントがロールレタリングを書けなかった場合の対処法である。何を書こうかと悩みに悩んだ末，結局書けなかったケースは少なくない。また，クライエントは面接者に対して「申し訳なかった」などと罪悪感を抱く場合もある。したがって，書けなかった場合，書けなかった理由を傾聴したうえで，カウンセラーは葛藤を表現することは大変なことであり，むしろロールレタリングを書く気持ちになろうと努力した点をねぎらうべきである。その時点で通常の面接を行い，クライエントが再度書く気持ちになればロールレタリングを導入すればよい。

2．ロールレタリングに書いた内容を深める質問をする

　ロールレタリングを書くなかでクライエントは過去を想起する。いろいろなことを思い出したと語るクライエントに対して，「たとえば，どんなことを思い出しましたか」と質問し，さらに過去のふり返りを促す。また，ロールレタリングに書かれた内容に触れて，「～と書いてありますが，実際に何を言われたのですか」「そのとき何を考えていたのですか」「どうしてほしかったのですか」などと具体的に質問し，ロールレタリングに書かれた内容を深めていく。ロールレタリングに書いた内容を言葉でも語ることによって，クライエントは過去をありありと想起し，封印していた過去を再体験する。書き手のなかには，ロールレタリングを書いているとき，自分の心のなかにいろいろな感情がわきあがってくるのを体験する。涙を流す者もいる。実は，感情を再体験し涙さえ

流すことは，自らの心の傷を癒す一番の「良薬」なのである。

　ときにはクライエントが気づきを深めるような問いをすることも必要である。たとえば，喫煙をした子どもに対して，「どうしてタバコを吸いたくなったのかな」「喫煙をしたくなるくらい，しんどいことがあったのなら，そのことを教えてくれませんか」などと問い返し，喫煙をした意味について考えさせる。また，必要であれば違う見方を提示したい。その際，「なるほど。あなたの考えは理解できるが，〜という考え方もできるかもしれませんね」と断定的な言い方は避けたい。カウンセラーがクライエントの課題で気づいたことがあれば，「〜かもしれませんね」「〜という見方もできますね」などと柔らかい表現を用いて，そのことを伝えたい。

　さらに，「この手紙を実際に相手が読んだら，相手はどう思うと思いますか」と質問してみることも効果的である。その質問を通して，カウンセラーはそのときの相手の理解の深さ（浅さ）を把握できるとともに，クライエントにとっても相手のことを考えるきっかけにもなる。そうすることで，さらに面接が深まったものになる場合がある。

3．受容する

　あらゆる心理療法に共通することであるが，ロールレタリングにおいてもクライエントが書いた文章をそのまま受け止めることが大切である。批判したり問題点を指摘したりすることは避けたい。クライエントは，たとえ書いた内容が一方的な考え方であろうと，それを素直に表現することとそのことに共感してもらえることで，自らその考え方を修正していけるのである。面接者が「それは間違っている」と否定したり「〜しなければならない」などと正論を言ったりすると，書き手は自分のことを否定された気持ちになったり，わかってもらえないという気持ちになったりして，せっかく開きかけた心が閉ざされてしまう。

　とくにクライエントが過去の心の傷をロールレタリングで書いてきた場合，面接者は十分に受容する必要がある。傷を開きっぱなしにしておくと，かえってクライエントの心の傷を深めることになる。とくに深いロールレタリングが書かれたときには，まずは面接者の考え方を伝えるのは控えて，クライエント

を否定しないで受容することが基本である。

　人と人との関係において,「この人は私の言うことをよく聴いてくれる」ということが信頼関係をつくっていく。そして,自分のことを理解してくれる人がいるという安心感が,さらにロールレタリングで自分の問題と向き合う勇気を生むのである。当たり前のことであるが,受容し共感することはロールレタリングを導入した面接を行う者の基本姿勢である。

４．ねぎらう

　初めてロールレタリングを書いたクライエントの多くは「書くことが難しかった」と感想を述べていることからもわかるように,葛藤を言葉で表現することはとても辛いことである。ロールレタリングに書かれた内容は,葛藤を乗り越えて出てきた言葉である。面接者は,そうしたクライエントの努力に対して,「よく書いてくれましたね」「心を開いて書いてくれて,ありがとう」などとねぎらいの言葉をかけ,心を開いてくれた勇気を認めることが大切である。

　面接者は,クライエントがロールレタリングで自己の内面に向き合うことは大変な辛い思いをすることを知っておかないといけない。心を開くには時間がかかるものであり,とくに最初の一通目を書くには大きな勇気とエネルギーを要する。

　そもそも本音を吐き出すということは,それまで蓋をしていたものを開けてみるということであり,新たに自分の心の奥深くにあった問題と向き合うことである。そのことは,また新たな苦悩を生む。みないですむならみないでいたいというのが本音である。そうまでしても「自分を変えないといけない」「変わりたい」と思う気持ちがあることを面接者は認め,支持していきたい。

５．抵抗を乗り越える援助をする

　相手を非難することによって罪悪感を抱くクライエントは少なくない。親への不満や怒りを抑圧して「いい子」で育ってきた者ほど,この傾向は強い。こうしたクライエントにとって,不満や怒りなどの否定的感情を出せることは,乗り越えないといけない壁であるといえる。その意味で,それを書けたことは「大きな成長である」と告げてもよい。それだけ,不満や怒りなどを表現でき

ることは心の健康を取り戻すためには必要なことなのである。
　また，親に迷惑をかけてきたと感じる者は，親に対して「申し訳ない」という負い目をもっているため，親を悪く言ったり批判したりすることはできないと思っている。そうすると内面の問題といつまでも向き合うことはできない。こうしたときに面接者は，ロールレタリングに対する抵抗を乗り越えるために，適切な介入をする必要がある。「親のいろいろな面をありのままにみていくことによって，今まで見過ごしてきた親のいい面もみえてくるかもしれない」という助言や，「親を批判することはちょっと辛いかもしれないが，あなたが自分らしく生きていくためには必要なことかもしれない」というような励ましを与えながら，クライエントが自分の内面と向き合えるように援助していきたい。

6．クライエントの肯定的変化をフィードバックする
　ロールレタリングでクライエントの心のなかが整理されてくると，第3節で述べたような心理的効果が表れてくる。こうした肯定的変化を面接者は見逃さず，「こういうことが理解できるようになりましたね」「成長しましたね」「すばらしい」「こんな行動がとれるようになりましたね」などと言葉がけをしたい。適切なときに適切なフィードバックをすることで，クライエントは自分の変化を明確に理解するだけでなく，自分に自信が持てるようになり，さらにロールレタリングに取り組む意欲が生まれる。

　以上，ロールレタリングを用いた面接を行うときの面接者の対応について述べてきた。先に書いたように，心理面接を行う際，往復書簡の形にこだわらず，あくまでもクライエントの書きやすい方法を優先すべきである。その点では，応答の仕方も，それぞれの臨床現場に即したやり方があるだろう。たとえば，現在筆者は成人の受刑者を対象にこの技法を用いて心理面接をしているが，今のところ受刑者が書いたロールレタリングに直接コメントや質問を書き込んで返信する形で進めている。筆者が書いたロールレタリングの実施方法の「考え方」を参考にして，クライエントとの関係性のなかでうまくロールレタリングを導入してほしい。
　ロールレタリングを使って心理面接を進めていくことになったとしても，毎

回必ずロールレタリングを書く必要はない。クライエントの心理的変化に配慮し，場合によっては途中で中断して通常の面接を行い，再び書く課題が表面化したときに再開すればよい。ロールレタリングを行う目的は，当たり前のことであるが，クライエントの主訴が改善することにあることを忘れてはならない。

第 2 部

ロールレタリングの臨床事例

第2部 ロールレタリングの臨床事例

　第2部では，ロールレタリングの臨床事例を8ケース紹介する。第1部の第1章で解説したロールレタリングの実施方法や面接方法がどのように進められているかを具体的な事例から学んでほしい。さまざまな事例を読むことで，クライエントの心理的変化は多様であるが，基本的な流れというものがあることは理解できるだろう。ただ，最後の事例では，ロールレタリングを書くことに抵抗感を抱いたクライエントの事例をあえて紹介している。基本的な流れとまったく異なった展開のロールレタリングもあるということで読み進めてほしい。

　各事例では，まずロールレタリングを紹介し，その直後に行った面接を記している（ロールレタリングを実施せず面接だけの場合も含む）。次に，クライエントの心の流れやロールレタリングの導入の方法などを説明するために筆者（以下，Coと略記）の【解説】を付記している。また，事例のなかでは【ロールレタリングの感想】を書いているクライエントがいるが，それもロールレタリングとして扱うことにする。なお，クライエントのロールレタリングと言葉は「　」，Coの言葉は〈　〉で表記する。

第2章

事例1：摂食障害の回復過程

　思春期から青年期の女子に多い心の病理の一つが摂食障害である。摂食障害になるクライエントは，優等生で頑張り屋の女子が意外に多いという。自分に無理をすることによるストレスを隠れて発散する方法として，食べて吐くという行為をするのである。ダイエットをきっかけに発症するこの病理は，最初は拒食症から始まり，過食症に至るパターンが大半を占める。摂食障害が起きる背景として，親子関係，とくに母子関係において葛藤を抱いているクライエントが多く，大半は母親を対象にしてロールレタリングを書く展開になる。高校時代まで優等生であった本事例のクライエントは，部活動でのいじめをきっかけに摂食障害になり，大学生になってさらに悪化し，大学を1年間留年することになった。周囲の者は退学するものと諦めていたが，本人が「何とかしたい」という気持ちになり，卒業間際にCoのカウンセリングルームを訪れたのである。

　クライエント：A（女子）　大学4年生　23歳
　主訴：「食べ吐きが止められず，閉じこもった生活をしている。就職を前にして，この状態から抜け出せない」
　家族構成：会社員の父親（50代前半）と専業主婦の母親（40代後半），3歳年上の姉の4人家族。姉は県外で仕事をもって自活し，Aも大学が実家から離れているため下宿生活をしている。
　問題の背景：Aによると，アルコール中毒の父親は，口数の少ない厳格な

性格であった。Aがまだ幼い頃，酒を飲んでは家族に暴力を振るい，母親との喧嘩が絶えなかった。父親には怖くて話ができず，「何か言えば怒鳴られる」とAは思っていた。母親は夜遅くまで働くキャリア・ウーマンで，Aはまったく甘えることができなかった。姉は親以上にしっかり者で，両親も姉にAの世話を任せることが多かった。両親から見て「いい子」だった姉に比べて，自分の気持ちを言えないAは，母親から「出来の悪い子」「あんたはうつ病」といった否定的な言葉を常にかけられて育った。

　中学になってからAは陸上部に入部し，ハードル競技を専門とした。入部したきっかけは，もともと母親が体育会系でAが運動することを望んでいたからであった。高校は陸上競技で有名なI県の学校に進学。3年間顧問の先生の自宅に下宿し，県内の遠方から来ているトップの選手ばかりが集まって共同生活をした。Aが初めて「無茶食い」をしたのは高校2年の冬で，同じ下宿先の同級生によるいじめが原因だった。「食べ物は私を裏切らない」と思うようになり，食べることだけを考えるようになった。

　大学入学後はまったく運動をしなくなり，急激に体重が増加。コンビニを数軒回り，5～6,000円分の食料を買い込んで，家で一気に食べて吐くという毎日をくり返すようになった。今より20キロ以上太っていた時期もあった。体重増加が気になりだしたAは，再び運動を始めたが，大学生活では人間関係にも悩むようになり，次第にアパートに閉じこもるようになった。真剣に自殺を考え，リストカットをしたことも何度もあった。病院で診察を受けたこともあるが，薬が合わず，結局通院も止めてしまった。治療効果が上がらなかったため，Aはますます家族に負い目を感じ，二度と病院には行かなかった。母親からは「ちゃんとやっているの？」「しっかりしなさい」と毎日のように電話連絡が入り，次第に自暴自棄になったAは，3年生の終わりに置手紙を残して下宿先を出て，友人宅を転々として約1年間過ごした。両親は興信所などを使ってAを探し出し，家に連れ戻した。

　大学に復学してからしばらく姉と同居した後，Aは再びアパートでの一人暮らしを始めた。4年生の夏に就職先が決まったが，摂食障害は一向に止まなかった。Coとの面接前には，吐いた物の中に血が混じる状態になっていた。家では相変わらず何もする気にならず閉じこもるだけの生活が続き，卒業を間

近に控えた12月の上旬，Aはカウンセリングルームを訪れた。

●ロールレタリングの過程

第1信【私から母親へ】母親への不満の吐き出し

「私のこと，少しは信じてほしい。『信じとるけんね』って言うけど，信じられない。私が休学したとき，家にはいたくなかった。だから家出した。もう会いたくもなかった。本当に何もかも嫌だった。バイトで夜はいないって何度も言ってるのに，1分ごとに電話をかけてきて，留守電のメッセージには『何ばしよっと!? どうして電話でらんと？ 帰ってこい』。当然，バイトに出てなくても，電話にでたくないときだってある。そう言うと，『何ば言いよっと！ 誰のおかげと思っとると。電話くらいでろよ』って言う。その一言一言がキツイ。そして，普段よくしゃべる私が黙ってると『今，Aさん"ウツ"やんね』って軽々しく面白半分で言うよね。それも，かなり重く感じる。黙ってちゃいけないの!? おしゃべりな私だけど，落ちこんだり，考えこんだりしたりするよ。

大学に復学して，お姉ちゃんと一緒に同じアパートに生活してたとき，あったよね。私は，私なりにお姉ちゃんの所にお世話になってるって思ってた。私なりに遠慮してた。最初の頃は本当に楽しかった。1年ぶりに帰ってきて，話したいことや1人ではできないこともできるから，そのときはバイトもしてなくて，学校とアパートの行き来で，帰ったらごはん食べて2人で走りに行ったり，バレーに参加したりスムーズな付き合いのように思ってたけど，時間がたつにつれ，狭い部屋に2人きりだし，毎日顔合わせるからお互いどんなにやってもストレスはたまるよね。お姉ちゃんはとくに，仕事場でも大変で，家は休まる所だけど，私みたいなのがいて……。休まるときがなかったよね。だから，お姉ちゃんの小言もガマンして黙って聞いていた。黙って聞いてれば，お姉ちゃんも言いたいこと言ってスッキリするならそれでいいって思ってた。でも，聞いてるうちに自分でもよくわからなくなって，学校からアパートに帰るとき，足がすくんだり，胸が苦しくなったり，言葉が出なかったり，笑えなかったりした。その症状をお母さん，あなたに話しても，私はお姉ちゃんの所にお世話になってる身だから，あなたがガマンしなさい，あなたが謝れば済むことって言ったよね。すべて私が悪い

みたいに言ったよね。お母さんからお姉ちゃんに何て言ったのかはわからない。でも，ある程度予想はつく。結局，お母さんはお姉ちゃんに弱いよね」

　ロールレタリングを書いた感想を尋ねると，「少しすっきりしました」と即答する。「書き出すまでに時間がかかった。そのうち，あんなこともあった，こんなこともあったと思い出すようになった」〈書いている間，どんな気持ちがした？〉「怒りのような気持ちがわいてきて，う〜っとなった」「ただ，ロールレタリングを書いてすっきりしたことよりも，人見知りする自分が，先週初対面であるCoにいろいろと話ができたことの方が気持ちのうえで大きかった」。ロールレタリングを書いた後，ここ数ヶ月間できなかった散歩をし，テレビを見ることもできたという。

　その後，Aとロールレタリングに書いた内容について話し合う。大学生活が始まって母親の過干渉にうんざりしていたことを話した後，Aは幼少期から現在に至るまで母親がいかに自分に対して否定的な言動をとってきたのかを涙を流しながら一気に語る。しかしながら，母親への怒りがあふれだす一方で，親を否定することに罪悪感をもってしまうことも吐露する。

　最後にAは「今後もロールレタリングで心の整理をしてみたい」と言う。Coが〈このまま母親を対象に書き続けてもかまわないし，好きなように書いてほしい〉と言って，ロールレタリングのいろいろな書き方を説明すると，「中学生の頃なら思い出せるが，小学生の頃のことはまったく思い出せない」と言い，少し考えてから「次回は父親のことを書いてみたい」と言う。

【解説】第1信をみると，書き出しから「少しは信じてほしい」と母親に望むこと，すなわち不満が記されている。姉との共同生活について書くなかで，Aは「私みたいなのがいて……」と自尊感情の低さをのぞかせる。最後は，母親への不満感情をストレートに吐き出している。このように，第1信のロールレタリングで，Aは「自分のことを信じてくれない母親」に対する不満感情（＝本音）を表出している。不満感情が出たことは重要なポイントであり，カタルシス効果があったのはいうまでもない。ここで重要な点は，Aが「初回面接でCoに自分の問題を話せたことの方が大きかった」と告げていることで

ある。つまり，心を開ける相手がいることが，何よりAの「心の防衛」を取り払い，ロールレタリングに取り組める原動力にもなったと考えられる。なお，第1信を書いた後，散歩ができテレビを見るなど，早くも日常生活で行動の変化が認められる。

第2信【私から父へ】父親へのさまざまな思いの吐露

「お父さん。私はお父さんが怖いです。

　幼い頃，お酒飲んでは暴れてたよね。お母さんが夜遅くて，お母さんの仕事場まで電話をかけて怒鳴ってたよね。お父さんはお父さんで仕事のストレスたまって，そのはけ口としてお酒を飲んで暴れてたんだよね。大声だしたり，壁こわしたり……怖くてお母さんとお姉ちゃんと3人で，よく夜逃げしたっけ。翌日になると迎えにきてたよね。本当に怖かった。

　お父さんとお母さんは信頼し合ってる？　仲は良い？　私にはまったくそうみえない。ただの上辺だけの家族，一応子どもがいるから……っていうふうにみえる。なぜ離婚しなかったの？　離婚の手続きが面倒くさいから？　お母さんに当たって，小さい私たちに大人の，それも父親の乱れた様子を見せてどうも思わなかったの？　小さい頃に見たお父さんは怖い存在だから，お父さんとは話してはいけないものと思ってた。お父さんは無口だから，口を開けばすぐ怒鳴る，そういう人なんだと思ってた。だから，話せなかった。いつもビクビクしてた。お酒ばっかり飲む人だから，お酒飲む男の人は大嫌いだ。

　でも，そんなお父さんでも，私が中学生の頃，内緒で陸上の大会に応援に来てくれたことあったよね。小さい郡の大会だった。そのとき，ゴールの所にいてくれたよね。お父さんに対して，初めてうれしい気持ちと恥ずかしい気持ちがわいたよ。初めての応援だったから本当にうれしかった。中2の大会のとき，J県に行ったよね。予選落ちだったけど，家族4人での旅行は生まれて初めてだったから，喜んでくれたかなって思ってた。勉強できないから，部活では頑張ろうって思ってて，親孝行できたようで自分でもうれしかった。

　お父さん，もっと会話して，もっとぶつかってればビクビクしなくてすんだのかもしれないし，お父さんの気持ちも理解できてたのかもしれない。もっとどっ

か遊びに行ったりして仲良くできてたら違ってたのかもしれない」

　Aは「書くのがキツかった。途中で止まってしまった。時間をおいて再び書き始めると，忘れていたと思っていたのに，小さいときのことがどんどん思い出された」と言い，幼少の頃父親が起こした数々の暴力について語る。さらにAは，「喧嘩ばかりする家族の姿をみているのがすごく嫌だった。幼い頃から今日まで，父親は『しゃべりかけてはいけない存在』で，いつも顔色ばかりうかがっていた。今でも実家に帰ると，父親と何を話していいのかわからず，緊張してしまう」と一気に語る。

　〈ロールレタリングを書き終えて，どうだった？〉「書き終えて，力が抜けた」「すっきりした」と言う。さらに「ロールレタリングを書くことはキツかったが，過去のことを一つずつ書いていくことは必要なことだと思った」と語る。Coは，Aにとって困難な課題であった今回のロールレタリングを書いたことをねぎらう。すると「いつか手紙に書いてあることを父親本人に言えば，すっきりするんでしょうが……」とつぶやく。〈父親に自分の思いを受け止めてもらいたい気持ちがあるのかな〉と言うと，「はい」と答える。〈いつかその日がくるといいね〉と言うと，Aは素直にうなずく。

　最近の様子について，Aは「ロールレタリングを始めてから，気分が楽になった」「これまでなら，対人関係で嫌なことがあると，気にして落ち込むだけだったが，今は嫌なことがあると白紙を用意して，それにいろいろなことを書きなぐって発散している」と言う。〈ロールレタリングを書くことで，『書いて発散する方法』を学んだ？〉「はい」と答え，「（対人関係について）これまでだったら，あの人は私をにらんでいると思い込んでいたのが，今は『まあ，いいか』と思えるようになった」と笑顔が出る。Coは〈すごい変化だよ〉と応じる。

　しかし，Aは「ロールレタリングを書いて，母親のときと同じように，父親についてこんなことを書いてよかったのかと思った。すると食べ吐きをしてしまった」と告げる。CoはAの気持ちを受け止めながら，ロールレタリングの安全性を伝えたうえで，〈心のなかにため込んでいた思いを外に出すことは必要です。食べ吐きについては，急に改善するのではなく，今は症状と付き合

うような感じでゆっくりやっていきましょう〉と伝えると，A は涙を浮かべる。

【解説】第2信では，まず父親を畏怖する気持ちが記されている。その後，内容が両親の夫婦間の問題へと大きく転回している。その話題のなかで，「父親の乱れた様子を見せてどうも思わなかったの？」と初めて不満感情を出している。そして，「お酒飲む男の人」という一般的な表現を借りて，父親に対する強い攻撃的な感情を吐き出している。しかしその直後に，部活動の大会でのエピソードを取り上げ，素直なうれしさを表現している。攻撃的な感情を吐き出せたから，逆の感情表現があることに気づくことができるのである。A の場合，「初めての応援だったから本当にうれしかった」と素直な肯定的感情が記されている。父親へのさまざまな思いを表出したことによって，A は自分の気持ちを抑え込むのではなく，父親と話し合う必要があったことにも気づいている。すなわち，「行動の変容」のきっかけをつかんだのである。文面の最後は，「もっと会話して……」とあるように，自己の問題に対する気づきがある。面接で注目すべき点は，ロールレタリングを始めてから A が，ストレスの発散として，白紙の紙にその日起きた嫌なことを「書くこと」で解消する方法を自ら行っていたことが挙げられる。この行動の変化は，ロールレタリングによって，A が抑圧していた感情を吐き出す「心地よさ（カタルシス）」を実感したからに他ならない。最後に，対人関係における見方が変わっている点も見逃せない。他人の視線を気にしていた A が「まあ，いいか」と受け流せるようになったのは，ロールレタリングによる「認知の変化」である。

> **第3信【Co への手紙】気持ちの変化と自己への気づき**
> 　この週は Co の都合で急遽面接が中止になった。すると，ロールレタリングではなくて，Co にあてた手紙がカウンセリングルームのなかに入っていた。
> 　「先生と出会って3週間ですが，ロールレタリングを始めて，気持ちが明るくなってきているな……と実感しています。まだまだ以前のようになるには時間が必要だと思いますが，話を聞いて下さって，すごくうれしかったです。
> 　今まで言えずにため込んでいたことが文字，文章という形で外に出，忘れてい

たこと，思い出したくなかったことなどに立ち向かわなくてはならないと思いました。"書く"ことは嫌いではないので案外スムーズにいくかな……と思っていましたが，そうではなく，逆に手が止まり頭がきゅうっとなって涙が止まりません。それだけガマンをしていた所があったのかなと思います。本当に，思っていることを書いていいのか，産んで育ててくれた両親に対して一方的に私の感情を出していいのか悩みます。もちろん，言いたいことはいっぱいあります。でも，どう表現していいのか，気まずくはならないだろうか……など考えてしまいます。こういう自分は，家族にわがままで自分勝手で好き放題やっていると言われますが，否定はできないと思います。

　言いたいことを素直に，口に出して伝えることができなかったから今の状態になったと思います。こんな私ですが，これからもよろしくお願いいたします。A」

【解説】書き出しに「気持ちが明るくなってきているな」とあるように，性格の変容がうかがわれる。また，「……涙が止まりません」の一文からは，Aが過去を再体験していることが理解できる。Aが封印していた過去を再体験し，出せずにいた涙を外に出して，自ら心の傷を癒しているのである。そして，「立ち向かわなくてはならないと思いました」と自分の問題と向き合う勇気が生まれている点に注目したい。こうした気持ちは，Coに守られている安心感があるからこそ，生まれてくるのである。一方で，「自分の感情を出していいのか悩みます」とあるように，親を批判することに対する葛藤があることも読みとれる。「いい子」で生きてきたAにとって親を批判することに罪悪感が生まれるのは当然のことであるが，この課題を乗り越えることがAを大きく変えることになる。また，「それだけガマンをしていた所があった」「言いたいことを素直に，口に出して伝えることができなかったから今の状態になった」と書いているように，主訴の原因に対する大きな気づきも得ている。

第4信【私から姉へ】姉に対する理解と妹としての素直な気持ち

「まだ小さかった頃の写真をみると，いっつも2人でいるね。ずーっと一緒にいたね。保育園の頃も小学生の頃も。私はお姉ちゃんがいないと何もできない子

第2章　事例1：摂食障害の回復過程

に育った。お父さんはもちろん，お母さんに話せないこともお姉ちゃんになら話せたし，頼ってばっかりだった。お姉ちゃんは私みたいにできが悪くないから，"しっかりした子"ってよく言われてたね。私はピービー泣くけど，お姉ちゃんは人前で泣いたことあんまりないよね。私はずっとお姉ちゃんに憧れてて，皆に『何でもできるお姉ちゃんがいるからいいなあ，うらやましい』って言われてた。でも，お姉ちゃん自身は本当は甘えたくて泣きまくりたかったんじゃないのかな。人一倍寂しがり屋のように思う。

　強いように見えるけど，自分に言い聞かせて『私がしっかりしなきゃ』って頑張ってきたんだろうなって思ったよ。私が家出してたとき，お姉ちゃん1人でお父さんとお母さんを元気づけて，ムリにハイテンションで気遣ってたってお母さん言ってた。だから顔のニキビもストレスからだって聞いたよ。いつも一緒にいてくれたのに，2人しかいない姉妹なのに1人にしてしまって本当にごめんなさい。

　お姉ちゃんがお母さんと口ゲンカしてたとき，言ってたよね。『好きであんた（母）の子に産まれてきたんじゃない。好きで（私の）姉になったんじゃない』って。近くで聞いてて，お姉ちゃんとお父さんを少しだぶらせてしまって，いつも一緒にいてくれたのに，そのときすごく怖くてお姉ちゃんの顔見れなかった。どうしていいかわからなかった。一緒にお姉ちゃんのアパートで生活してたときもいろいろ言われてるとき，お姉ちゃんをお父さんとだぶらせてしまって怖くて仕方なかった。お姉ちゃんは言葉がきつい。ぐさっとくる。言い返したくても言葉がでなくて，『養ってもらってる身でありながら……』とか『黙ってることしかできないなんて卑怯』って言われると確かにそうだけど，ぐさっとくる。黙ることしかできないし，言い返すと倍にして返ってくるから黙って聞いてればいいんだって思うようになった。ずるいなって思う。ちゃんと口で伝えて，言い合えばお互いラクになってたんだろうと思う」

　Aは，ロールレタリングを始めてから姉と毎週会うようになったことを報告し，「前は姉といても緊張したのに，最近になって普通に話せるようになった」「ロールレタリングを書きながら，昔父親が暴れているとき，一番辛かったのは姉だったのではないかと気づいた」と言う。

「ロールレタリングを書いていると,いろいろなことがイメージとなって思い出してくる。いろいろなことがたまっていたのだなあとつくづく思う」「ロールレタリングを書くことはキツいと思うこともあるが,自分の気持ちを外に出すことは本当に必要なんだなあとつくづくわかった」とＡは語る。さらに「ロールレタリングを始めて,気持ちが明るくなった。人にもそう言われる。食べ吐きも,なぜかしなくなった」「こんなにじっくりと話を聴いてもらったことはない」と素直に語る。CoはＡが懸命に自分の過去と向き合っていることを称える。最後にＡは,「母親,父親,姉と書いたので,一度自分のことをみつめてみたい」と自ら次回の課題を決める。

【解説】前半部分は,姉に対する大きな気づき,すなわち「家族で一番辛かったのは姉ではなかったか」と他者理解が記されている。後半では,姉を父親とだぶらせて「怖くて仕方なかった」「ぐさっとくる」などと姉に対して少し怒りの感情を出している。そして,父親へのロールレタリングと同様,最後は自己の課題を明確にして文面を締めくくっている。このように,第4信では,姉に対する大きな気づきを得ている。これは,第3信までのロールレタリングで自己への気づきを深めたことによって,Ａが姉の置かれていた状況と姉がとらざるを得なかった行動の意味をよく理解できたからである。自分のことが理解できると他者のこともみえてくる。文面には,姉に対して謝罪しながらも攻撃的な表現も見られ,「自分の気持ち」と「姉の気持ち」との揺れ動きのなかで姉への理解を進めていることがわかる。面接で,姉に対して畏怖しなくなったと語ったのは,Ａが人間として姉の弱さや辛さを理解できた結果であり,ロールレタリングが「人間関係の改善」をもたらしている。最後に,Ａが自らロールレタリングの課題を決めたことは,書く意欲(＝吐き出す意欲)が高まっている証である。

第5信【私から昔の私へ】摂食障害に陥った自己の分析

「本来の私は,明るく前向きで無邪気な子だったはず。でも,今の私は,うつむいていて暗く,人の目を気にする子。どうして変わってしまったんだろう。
部活を一生懸命していた頃は,真っ直ぐで,勉強はできないけれどキラキラし

ていたように思う。なんでかな。本当は昔みたいに，皆を笑わせたくて元気づけたくてしゃべりたくてうずうずしているのに，スムーズにできない。周りの人は私をどんな風に思っているのか，そればかり気になって仕方ない。そして，急に大声出されたり，大きな物音をたてられたり，目の前でけんかされたりすると，心臓がバクバクいって，自分をどこかに隠そうとする。目をそむけなきゃって思う。そればかりに気がいって，手に汗かいてしまう。今の私は，小さな気持ちの持ち主だね。立ち向かえばいいのに，自分の意見を言えず，ただ黙ってしまって。うつむいている卑怯な子だね。

　少し嫌なことが起こると，モノに当たってしまう。そんな所，お父さんにそっくりだね。人の話を聞かない所，お母さんにそっくりだね。そう言われてすごく困る。むかつく。だって，嫌いな所だもん。両親の私が嫌いだって思う所は，全部私にきたんだね。むかついて，なおそうってするけど，気づいたら同じことのくり返し。やっぱり私ってできない子なのかなって自信なくして落ち込む。落ち込んだら，食べる。忘れたい，治したい，こんな私は嫌だって思いながら，気のすむまで食べる。食べ続ける。そして，吐く。吐き終えたとたん"空しさ"がおしよせてきて，『またやってしまった……』と思う。やっぱり私はできない子なんだって思う。自分に甘えているんだって思う。

　もう少し強くなって，周りをよく見わたせられたら，『どうってことない』って思えるかもしれない。私は私って思えるかもしれない。でも今は思えない」

　今回のロールレタリングについて，「『今の私から，ひどかった時の私へ』というつもりで書いた。摂食障害だった頃の自分をふり返ることができた」「もっといろいろなことが自分の心のなかにいっぱいある」〈たとえば，どんなこと？〉「1年間家出をしていたときのことを思い出す。そのことに触れて母親は，私のことを『自由奔放』とか『失った信用を取り戻すように』と言うが，私は『勝手にそう思ったらいい』と心のなかで思っている」と語る。その一方で，「しかし，『失った信用』に対して，やはり態度でちゃんと示したい」「両親に対して，ちゃんと向き合わないといけないと考えている。それがないと前に進まない」「自分の考えを言える自分をつくりたい」としっかりとした表情で語る。Co は〈前向きになりましたね。今，家族に対して何か言いたいこと

がありますか〉と問うと、「小さい頃受けたダメージは大きい。しかし『あのときはこうだった』というようなことを親も言ってくれたら、私も自分の気持ちを言えるかもしれない」と言う。そこでCoは、〈次回は相手の立場に立ったロールレタリングをしてみてはどうでしょうか。相手の立場になってロールレタリングを書くと、もっといろいろなことに気づくかもしれない〉と提案する。するとAは「父親は私のことを『甘えてる』としか言わないだろうなあ……」と言い、「父親自身、実の父親から冷たい仕打ちを受けてきた。私に対して言いたいことがあるのに言えないのかもしれない」と初めて父親の立場を思いやる。そして、「父親は何を考えているかよくわからないので、【母から私へ】でロールレタリングを書いてみたい」と言う。

　最近のこととしてAは「姉と会うようになってから昔のことを考えるようになった。姉は『嫌なことは外に出したほうがいい』と言ってくれる。昔ならそんな言葉は受け入れられなかったが、今はしんどいけど向き合わなければならない気持ちの方が強い」と言う。さらに「夢で昔のことを思い出すことがあるが、以前なら目が覚めるとしんどくなったが、今は『こんなこともあったんだ』と冷静にふり返られるようになった」と笑顔で語る。〈自分の問題を受け止める力がついてきているね〉と伝えると、Aは素直に喜ぶ。

【解説】第5信では、素直に感情を出せない自己の不安定さを書き連ね、最後に摂食障害に至る経過を見事に記している。書き出しは「どうして変わってしまったんだろう」と自分自身に問いかけている。すなわち自分をみつめている。「皆を笑わせたくて……スムーズにできない」では、感情をうまく出せないもどかしさを表現し、さらに周囲の目を気にして自分の感情を抑圧している面も記している。ここには、自分の感情をうまく出せない頃のAの心理的状況が明らかに示されている。食べるという行為は、「食べたい」という感情（欲求）を出すことである。一方で摂食障害は、その欲求をうまく出せない状態のことである。したがって、感情（欲求）をうまく出せるように援助することが摂食障害の改善に通じることになる。そして、その感情表出の技法として、ロールレタリングは有効である。後半は、自分自身を父親と母親にだぶらせることによって自己理解を進めた後、最後は、「もう少し強くなって……」と自己の課

題を明確にしている。面接でも「自分の考えを言える自分をつくりたい」などと語っているように，自己の課題を明言している。そして，注目すべき点として，父親への洞察も進んでおり，自分の問題が「連鎖」であったことに気づいている。

第6信【母親から私へ】母親の立場の理解

「Aさん，あなたが突然家出したとき，どんなに心配したことでしょう。興信所やあなたの友だち，バイト先など，あなたが行きそうな所，すべて連絡して探しまわりました。夜中も眠れなくて少しの物音や車の音がすると玄関まで見に行く日々でした。生きた心地はしませんでした。お姉ちゃんも毎週帰って来てくれ，無理に明るくしてくれ，ストレスで顔に吹き出物がでて可哀相です。お父さんもあなたを探すため，仕事を辞めたのです。いつ帰って来てもいいように大学には籍をおき，休学という形にしました。

　Aさんはわがままで言うことを聞かない子ですね。短気で根性のない子ですね。みずぼうそうをしたとき，かいたら跡が残るから薬をぬりなさいって言っても聞きませんでした。案の定，跡が残ってケロイドになりましたね。あれだけ言ったのに。

　小さいときは皆の人気者で，無邪気で素直でにこにこしていて，とっても可愛かった。なのにどうしてでしょうね。どうしてそうなってしまったのでしょうね。部屋にこもって何をしているのかと思ったら，大量のお菓子をこっそり買って，……全部食べたの？　そして吐くのでしょう？　ばかなことばかりして。あきれます。お金を振り込んでって電話をするときがありますね。食べ吐きは自分がコントロールしないと治らないものです。自分をしっかりもちなさい。手首を切ったときもそう。うつだとはいえ，ばかなことばかりして，困らせてばかり。心配かけてばかり。自殺者が家族の中にいると世間の目も冷たくなります。自分のことだけじゃなく，周りのことも考えなさい」

今回のロールレタリングについて，「私が家出をしているときの母親の気持ちを考えて，書いてみた」「ここに書いてある以上のことを母親は思っていると思う。一番に，私に使ったお金のことをいっぱい言いたいと思う」と話す。

さらに「お金のことを言われると、姉だったら反発するが、私はただ黙って聞くしかない」「摂食障害の問題に関して、母親は『甘えている。病院に行かずに自分で治しなさい』としか言わない」「お金の問題もあるが、世間体ばかり気にする。外からよく見られたいのだろう」と語る。

Aは「本当なら、母親と冷静になって話をしたい。しかし母親から今回のロールレタリングに書いたようなことを言われたら、やはり感情的になってしまうと思う」と困惑した表情を浮かべる。Coは、Aに母親との関係を修復したい思いがあるものと考えて、〈冷静に母親と話をするなら、どんなことを言いたいですか。また、これまでのロールレタリングや面接で、母親に自分の気持ちをちゃんと聞いてもらいたい、そして甘えたい気持ちもあるように思う。こうした気持ちを素直に書いてみてはどうですか〉と言い、再度【私から母へ】のロールレタリングを書くように提案する。最後にAは「Coとの面接が始まった当初は、嫌なことがあったら白紙にぐちゃぐちゃと書いて発散していた。今は、外に出て少し散歩をするくらいで、気分を変えられるようになりました」と明るい表情で話す。

【解説】全文を通じて、Aが母親の立場になり切ってロールレタリングを書いていることが理解できる。ただ、内容は過去のAと母親との会話の再現となっている。母親が普通に言うことを推測して、「世間体ばかり気にする。外からよく見られたいのだろう」と言っていることから、母親が抱いている価値観を理解している。こうした書き方でも母親への理解は得られるが、「母親はAに対して本当はどう思っているのか」「母親に何と言ってほしかったか、どうしてほしかったか」といった助言をしたうえで今回の課題を行っていたら、違った気づきが得られたり、母親への洞察も深まったものになっていたかもしれない。

第7信【私から母親へ】素直な自己表現と母親に対する『甘え』の表出

「お母さん、23年間育ててくれてありがとう。就職も決まってこれからが本当の親孝行だと思います。私ね、お母さんが心配する気持ちわかるよ。でも、一歩引いた所から応援していてほしい所と、手助けしてくれる所が少し違うような気

もする。すごく悩んでいるのに，話を中途半端にしか聞いてもらえなかったりしたよね。だから私もお母さんに話せない所があったりするんだよ。もう少し，少しでいいから話を聞いてほしいし，話し合うときももっと落ち着いて話し合いたい。そうすると，彼氏の話や大学の相談事も素直にできる。家出なんかしなかった。お母さんは明るくてすごく陽気で好きなんだけど，過保護すぎる所があるし，ケンカごしに話す所はキライ。生まれたときからケンカごしの会話だったから慣れっこになってしまってるけど，他の人が聞いたらビックリするよ。それと，何でもお姉ちゃんばっかり頼らないでほしい。私は，金銭的にもまだまだだけど，何にもできないけど，私にも話してほしいと思うし，少しは頼ってほしい。お姉ちゃんのように頭も性格も良くないけど，何かの役に立つときがあるかもしれない。

　就職決まって家に帰るけど，家にいたくない。無理って思ったら1人暮らしするね。まだ始まってみないとわからないけど，たぶんそう思うときがくると思う。本心は帰りたくないって気持ちの方が強いから，そのときはごちゃごちゃ言わないでほしい。

　そして，『うつだもんね』って言わないでね。そう言われるのはすっごく傷つくんだよ。明るくしなきゃまた何か言われる……と思って明るくしてるのは，すごくすごーく疲れるんだよ。いっぱいいっぱいになってしまいます。私も早く以前のようになりたいって思ってるんだけど，元に戻るエネルギーがないのです。親だから何でも知ってるって言うけど，たぶん知らないこともあるよ。1人の人間として，そして自分の娘として，これからも応援していて下さい」

　ロールレタリングの感想として，「以前より書きやすくなった。読み返すようにもなった。書いた後『やれた！　書けた！』という満足感がある。どんどん言葉が出てくる。するする書いて，すっきりする。言えない分を書いたという満足感がある。今は書いた後，一歩引いて，『ああ，こんなことも考えていたんだ』と思うようになった」と一気に語る。さらに「当時は母も，近所の手前や仕事などでキツかったのではないかと思った」「父も，それまで育ってきた環境もあって，我慢して育ったのかもしれない。はけ口がわからず家族やものに当たっていたと思う。本当は父もそんな姿を見せたくなかっただろう。2

人に対して，可哀相にも思える」と両親の育ちの背景さえ思いやる。

姉について，Aは「昨日，姉は『妹も父も，世話をしなければならなかった。小さいときから冷めていた。世話をするばかりの自分がキツかった』と初めて本音をもらした。私は『ごめんね。これからは何でも相談してほしい』と言って，『今後は自分のことに目を向けてほしい』と初めて姉を励ました」と語る。CoはAの心の成長を称える。

この時点で面接のタイムリミットが迫っていた。そこでCoは，次回の課題として，これまでの面接をふり返る意味で，【ロールレタリングの感想】を書いてもらうことにした。

【解説】最初に，母親に対する素直な「感謝」の気持ちが記されている。第1信の否定的感情から始まって，「感謝」という肯定的な言葉が出てくると，ロールレタリングも終結していい頃と判断できる。文面の各所に，「少しでいいから話を聞いてほしい」「少しは頼ってほしい」「自分の娘として，これからも応援していて下さい」などと素直な自己表現，言い換えれば娘としての母親への素直な甘えや願いが記されている。母親に対する素直な自己表現ができたことは，一言でいえば，素直な「甘え」が表現できたことである。甘えの感情が出るということは，「ありのままの自分」を出せることでもある。ありのままの自分を表出することによって性格が明るくなり，前向きさや意欲が出るなど行動は変化していく。とくに姉に対して初めて励ましの言葉が言えたことは，大きな心の成長である。注目すべき点は，母親から「うつ」と言われることに対して，Aが「すっごく傷つくんだよ」と自分の不快感を素直に表現している箇所である。第1信で「黙ってちゃいけないの!?」と攻撃していたことに比べると大きな変化である。自分の気持ちを上手に伝える言い方を身に付けているのである。

第8信【ロールレタリングの感想】ロールレタリング全体のふり返り
「ロールレタリングを始めた頃は，自分の状態を保つことで精一杯でした。先生のカウンセリングルームまで足を運ぶのもやっとで，気合いを入れて出発しなければならない状態でした。卒業はするように両親から言われているし，自分の

状態も不安定ななかでできるかなという気持ちがありました。両親の言うように，今年こそは卒業しなければ親への負担も多くなるし，内定も取り消しになるから，両親が周りからどういうふうにみられるか……と考えたら，我慢しなければならないなと思いました。

　ロールレタリングを実際始めてみると，たくさんたまってる言いたい気持ちがあるし，言いたい，でも言っていいのかという気持ちが入り混じって混乱したり涙が止まらなくなったりしました。すごくキツいことをしてるんだなって思いました。でも，これではダメだ，今の状態を何とかしたいと思ってたから，まずはできることからやっていこうと思い，気持ちを自分のなかに抑え込むのではなく，どんな形でも"出す"ということを目標にしました。初めから口に出すことは難しいと思ったので書くことから始めました。そうしているうちに，だんだんロールレタリングでも書けるようになったし，面接でも気持ちを言えるようになりました。以前のように笑うようになりました。もちろん，食べ吐きも減りました。今は，軽くなった気がします。姉とも連絡を取り合えるようにもなって，小さかったときのことを話して，いろいろ当時の状況を聞けるようになりました。ロールレタリングを始めて，まだ実家には帰っていないけど，帰ったときにどんな顔すればいいのかな……と思うのではなく，スッキリした表情で『ただいま』と言いたい。

　本当は小さいときのことを思い出したり，お父さんやお母さん，お姉ちゃんのことを考えるのはすごく怖かった。でも，今は，ちゃんと向き合わなければ先にいけないと思うようになりました」

「実家に帰れば，親とちゃんと話をしてみたい。摂食障害になったことも話してみたい」〈どんなことを話したい？〉「親との間に溝があった。気持ちを言えなかった分，小さいときのことが重なって，どんどん食べ吐きにはまってしまった。これからは，ちゃんと自分のことを言葉で言えるようにしたい。今週末は実家に帰るので，両親ともじっくりと話してみたい」ときっぱり語る。

　翌週の最終面接で，実家に帰ったときのことを聴く。Ａは「ロールレタリングに書いた内容のことを話す機会はなかったが，なぜか気持ちがすっきりしていて，自分がすごく変わっているのを感じた。いつか自分の気持ちが言え

らいいなあという楽な気持ちです」と穏やかな表情で語る。Coは，抑圧していた感情を吐き出したから今の安定した気持ちになれたことを伝え，あらためてAが自分の問題と向き合ってきたことを称える。

　卒業式の日，Aは卒業する喜びをCoに報告に来る。Aは「家族とうまくやっています。なぜか最近，父親がまるくなりました」と語る。それを聴いて，Coは〈あなたが変わったからではないですか〉と言うと，「そうかもしれませんね」と笑顔で語る。

【解説】文面には，抑圧していた感情を吐き出すまでの辛さや葛藤に苦しんでいた様子が記されている。そうした苦悩を経て，A自身の行動が変容していった過程が記されている。最後は，「ちゃんと向き合わなければ先にいけないと思うようになりました」と決意表明ともいえる内容で文面を締めくくっている。面接では，父親が変わったことがAの口から語られたが，Coは父親の変化はAの変化がもたらしたものであるとフィードバックしている。自分が変わることによって，周囲の人間も変わってくることを明確にしたのである。本事例は，卒業間際という短期間の支援であったが，Aにとっては初めて自分のことを深く考える機会になったと思われる。その点では，この約2ヶ月という期間はAにとってけっして短いものではなく，凝縮された時間となっていただろう。人が変わるのに必ずしも長い時間が必要でないことをAは実証してくれたのである。

第3章

事例2：父親に対する葛藤が解消する過程

　親子関係に悩む大学生は多い。多いというより，親子関係の問題はすべての大学生の悩みの根本にあるといっても過言ではない。なぜなら，たとえば友人関係のトラブルで悩むケースでも，元をたどっていけば，原点は親との問題に至るからである。親との問題が表面化するのは思春期の頃が多いが，大学生まで問題が表面化しないと，当然のことながら思春期に親子が本音でぶつかることはない。そうすると，親子関係が好転する機会はない。そうすると，思春期からの親子関係の葛藤をもち越したまま，大学生になっても根強く悩みの原因となって残ってしまう。そして，それが大学生活での人間関係のトラブルや生き辛さを生むことになる。本事例は，幼少期から父親との関係に悩み，父親に対して嫌悪感さえ抱いていた女子学生のケースである。

クライエント：B（女子）　大学3年生　21歳
　主訴：父親との関係が悪く，まったく会話がない。家庭をめちゃくちゃにした父親を毛嫌いし，毎日息苦しい生活を送っている。
　家族構成：会社員の父親と専業主婦の母親，社会人の長兄と大学生の次兄，ならびにBの5人家族。長兄は家を離れて自活しているため，現在4人で生活している。父親は無口で，子どもたちとまったく会話をしない。Bだけでなく，二人の兄たちも父親をひどく嫌っている。母親は優しい性格であるが，心配症で気苦労が多い。
　問題の背景：両親は，Bが幼稚園の頃に離婚したが小学校の高学年のときに

再び籍を入れた。小学生の頃Bは体調不良で長期間の入院生活を余儀なくされ、Bの看護のために母親は仕事を辞めざるを得なかった。したがってBによると、両親が再婚した理由は、金銭的な問題があったからだという。Bが入院していた頃、兄弟は2人とも不登校であった。Bが高校に入学する頃から、父親は仕事をしないで家にいるようになる。職場で不正をしたことで、職を追われたからである。それ以降、父親は家庭にいるだけの存在となり、復職した今でも家族からうとまれている。兄だけでなくBも、父親を毛嫌いしているが、父親との間に会話が成り立たない生活に満足しているわけではなく、だからといってそんな悩みを誰にも打ち明けられず、鬱屈した思いで大学生活を送っていた。

●ロールレタリングの過程

第1信【私から父親へ】父親に対する不信感と忌避感情

「あなたは誰ですか？ 本当に私の父親ですか？ 私はあなたの考えていることがまったくわかりません。もうあなたとは何年も会話をしてないけど、その理由もわかりません。きっとあなたには愛情というものがないんでしょう。私はあなたに可愛がられた記憶もないし、育てられた覚えもない。それにあなたは私たち家族だけでなく、あなたの親さえも大事にしない人間だから最低だと思います。本当にいなくなってほしいって思ってます。

ただ、いなくなる前に私にお金を返してほしい。去年家のローンか何かを払うために勝手に私の奨学金を使って払ったみたいだけど、それは母から聞いた話で、私は何もあなたの口から聞いてません。子どもにお金を借りていて何も思わないんですか。そのせいで私は学費が払えず、親戚のおばちゃんに頭下げて借りたんだよ。お母さんから聞いた話では、もう私に返す気ないらしいね。なんでいつも大事な話をお母さん伝いに聞かなきゃいけないの。きっとお母さんも私とあなたの間できつい思いをしてると思うし、何よりもお母さんはずっとずっとあなたに苦労をかけられて嫌な思いもいっぱいしてるんだよ。それなのにあなたは人ごとみたいに全部お母さんに押し付けてるでしょ。もう本当に考えれば考えるほど、いなくなってほしいと思う。私は絶対あなたのような人間にはなりたくない。家

> 族や兄弟からも嫌われ，友だちもいない。休みの日は部屋にひきこもって何をしてるかもわからないような暗い毎日を過ごしてる。なんだか見ていて気持ち悪い。多分この先，一生あなたを許せる日がくることはないでしょう」

　感想を尋ねると，Bは「父への思いを書いたのは初めて。書いている最中，イライラして怒りがこみ上げてきた。書き出すまでは時間がかかったが，書き始めると時間はかからなかった。書き終えると気持ちが落ち着きました」と即答する。Coは，自分の思いを初めてロールレタリングで書いたことをねぎらったうえで，〈もし，このロールレタリングを父が読んだとしたら，父はあなたに何と言うだろうか〉と質問する。少し考えてから「私には直接何も言わない。言うとしたら，母親に言うだろう。昔から，そう。父には，優しくされたことも怒られた記憶もない」と言う。今でも子どもたちが居間に入ると父親は避けるように自分の部屋にひきこもってしまい，まったく会話がないという。

　「今回のロールレタリングを書くことで，父への思いがいろいろあることがわかった。思いを全部吐き出して，自分の気持ちを整理してみたい」と話す。Coは，まだまだ抑圧している思いがあると考え，〈小さい頃のことを思い出し，その頃の自分になって『幼い頃の私から父親へ』の形で書いてみてはどうですか〉と教示する。

【解説】第1信の冒頭で，「あなたは誰ですか？　本当に私の父親ですか？」とBは父親に対する不信感から書き始めている。Bがあたかも父親が目の前にいるかのようにロールレタリングで父親への不満をぶつけていることが理解できる。文面には，日常生活における父親の具体的な行動を批判し，忌避感を露わにしている。最後は「多分この先，一生あなたを許せる日がくることはないでしょう」と攻撃的感情を書いて締めくくっている。この後の面接で，「書き終えると気持ちが落ち着きました」と語っているように，初めて怒りや不満感情などの本音を書いたことによるカタルシス効果がみられる。そして，「ロールレタリングを書くことで，父への思いがいろいろあることがわかった」と語っているように，自分の心のなかに父親の問題が根深く残っていることにも気づいている。カタルシス効果と自己理解があったことで，「思いを全部吐き出し

て，自分の気持ちを整理してみたい」と話しているように，Bにとって本質的な問題と向き合う勇気が生まれている。ここでCoが，まだまだ根深い否定的感情が残っているものと考え，〈幼少期のBに戻ってロールレタリングを書いてはどうですか〉と助言したことで，第2信でBは，父親への否定的感情を思いきり吐き出すことになる。

第2信【私から父親へ】父親に対する不満感情の吐き出し

「私が確か幼稚園のとき，あなたとお母さんは離婚して，それからはお母さんと兄2人と私の4人の暮らしが始まった。お母さんは朝から夕方まで私たち3人の子どもを育てるために一生懸命働いてくれた。すっごく狭い1つの部屋に4人で住んでたから嫌なこともいっぱいあったけど，それ以上に楽しいこともいっぱいあったし，お母さんの頑張ってる姿を見て，4人で力を合わせて暮らしてた。だからうちの家族に"お父さん"というあなたの存在は必要なかったんだよ。いなくても十分やっていけたし，いない方がうまくいってた。

それなのに，私が小学3年生位のとき，あなたたちは再婚しましたね。それが一番の間違いだったと思うよ。だってあれから何も良いことないじゃん。悪いことの方が多いと思う。でもこんなこと言ってるけど，再婚しなくちゃいけなくなった理由の一つは私のせいかもしれないんだよね。その頃私の病気が始まって，ずっと入院してたからお母さんは私につきっきりにならなきゃいけなくて，仕事も辞めなきゃいけなくなった。だから仕方なくあなたと再婚したのかなっとも思う。……でも後から聞いた話では，あなたの出世のためだと知ってますますあなたのことがわからなくなりました。それでも最初は一緒にご飯食べたりしてたよね。高校受験のときはあなたが迎えに来てくれたことを覚えてる。

だけどちょうどその私の受験の頃，あなたはずっと家にいるようになりましたよね。その理由をお母さんに聞いても『休みなんだよ』って普通に言うばかりだった。でもあんまり長いから不思議でしょうがなかったんだけど，誰もはっきりとは教えてくれないまま私は高校に入った。そして高校に入ってしばらくして，あなたが本当は仕事を辞めていたことを知った。お兄ちゃんたちもお母さんも私が受験だったからいろいろ心配させないように隠して内緒にしてたんだって聞いて，すごく，あぁお母さんたちに悪かったなぁって思った。何も知らなかった私

はあの当時勉強するのが嫌でお母さんの言うことも聞かず，公立を受けることもしなくて私立に逃げちゃったから。本当は公立行って，少しでも負担を軽くするべきだったんだよね。でもあなたには少しも悪く思ってないから。あなたがいけないんだよ。その，仕事を辞めたって聞いたときの，辞めた理由はあなたの弟の借金のせいだって聞いてたから，あぁ，お父さんも大変なんだって思ってた。だけど，それも嘘だったんだよね。

　あなたの仕事を辞めた，いや辞めさせられた本当の本当の理由を私が知ったのは去年あなたが2度目の不正をしたときです。（この後Bは父親が不正をしたときの母親の様子を長々と書いている）もう本当に情けないよ。人として。そして何事もなかったかのように今もヘラヘラと暮らしているあなたを私は見たくもない。お母さんは私に心配かけないようにずっとずっと私には普段通りにしてくれてたんだと思うと涙が止まらなかった。あなたへの憎しみよりもお母さんにきつかったでしょう？って思う気持ちの方が大きかった。でも泣いてあやまるお母さんに私は何も言えず車から降りて学校に行ってしまった。私はかわいくない娘だからこんなときでさえも優しい言葉一つお母さんにかけてあげられない。そんな自分も嫌い。そしてその日の学校が終わって，迎えに来てくれたときはもう，普段の明るいお母さんに戻ってた。でもこんなんじゃお母さんはいつか精神的苦痛で倒れてしまうんじゃないかって思う。どうにか笑って明るくしてるけど，きついんだろうなって思う。あなたなんかのために親戚やそれ以外の所からたくさんお金を借りてることも知ってる。返すあてもないこと。あなたは知らん顔してること。でも私にはどうすることもできないし，早く離婚してほしいけど，またお母さんに全部借金とかくるなら辛い思いをさせるだろうし，どうしていいかわからない。でもやっぱりあなたには家を出ていってほしい」

　感想を尋ねると，「書いていて，涙が止まらなかった。いろいろなことを思い出した」「書く前には思いもしなかったが，意外にも書いた後はすっきりした。達成感があった。『やった！　書けた！』っていう感じ」とBは答える。ここで今回もCoは，Bがロールレタリングで思いのたけを吐き出せたことを大いにねぎらう。ロールレタリングに書いた内容について，「成人にもなって，子どももいるのに，なぜ不正をくり返したのか私には理解できない」「小さな

ことでも許せない。ゴミを捨てたりする仕草も嫌」と怒りを露わにし，さらに「父がいなくても，私たち4人で生活していける」と続ける。この後Coは，Bが「私はかわいくない娘」「そんな自分も嫌い」と文面に書いていた箇所を取り上げ，〈母親には何も言えなかった。そのときは，そうするしか仕方なかったのではないですか〉とBが自分自身を否定しないように，その苦悩を受容する。

あらためてロールレタリングを書く目的を尋ねると，「父親の存在がひっかかる。これを整理したい。自分の気持ちもわかってもらいたい」と少し気持ちに変化が表れる。しかし「(父親に) 何かしてあげたいという気持ちにはなれない」とつぶやく。「少しは父のことが理解できた」と言いながらも，「だからと言って，父を許せるわけではないですよ」と最後に付け加える。

【解説】第2信においてBは，幼稚園から始まる父親不在の生活，小学校時代の入院と両親の再婚，さらには高校時代に父親が職場で起こした不正など，ありありと幼少期に起きた具体的な出来事を想起し，父親に対する否定的な感情を思いのたけ吐き出している。面接で「意外にも書いた後はすっきりした」と述べているように，Bが第1信以上の大きなカタルシス効果を得ていることがわかる。「達成感があった」という言葉は，深いロールレタリングを書いたクライエントの口からよく出てくる言葉である。また，「書いていて，涙が止まらなかった」と語っていることから，ロールレタリングを書きながらBは過去をリアルに再体験し自らの心の傷を癒していることも理解できる。こうした攻撃的感情を吐き出したことで，面接でBが「自分の気持ちもわかってもらいたい」と語っているように，父親に対する気持ちに少し変化が表れている。なお，Bは父親への攻撃的感情を吐き出すなかで，「再婚しなくちゃいけなくなった理由の一つは私のせいかもしれない」「私はかわいくない娘だから……。そんな自分も嫌い」と自分を責める表現をしている。ロールレタリングを書く過程においてクライエントが自分自身を非難することは多く，そうすることによって感情の吐き出しが抑制されることがある。ここでCoは，「自分を否定するのではなく，そのときはそうするしか仕方がなかった」と伝え，Bが過去の自分の行動を受け入れるように支援している。Bが気持ちの整理としてロー

ルレタリングを書き進めていくためには，自己否定するのではなく，自己受容を促す必要があったのである．

> **第3信【私から父親へ】父親に対して逡巡する思い**
> 「そういえば，あなたは私が小さいとき，子どものできなかったあなたの妹に私をあげようとしてたんだよね？　もうそのときから子どものことを好きじゃなかったのかなって思うよ．子どもに限らず人に興味がないように見える．
> 　幼稚園のとき位まで一緒に住んでたときもあなたは休みの日は必ずマラソンに行ってた．私たちと遊ぶより自分の趣味の方が大事だったんだろうね．でも，だからといって私はお父さんと遊びたいって思ったこともなかったし，休日に寂しい思いをしたこともない．私からあなたに近づくことはできるかもしれないけど，やっぱ何かひっかかるものがある．だって別に家族があなたから離れていったんじゃなくて，あなたが最初家族から離れていったんだよ．それに私たちは何度も裏切られてるし，今まで何もしてもらってないのに，何でこっちから歩み寄っていかなきゃいけないのかな？　こんなことをウダウダ考えたりしてる自分も小さい人間だなって嫌になるけど，でもいろいろ考えてしまうんだよ．
> 　21年間たまってた怒りや苦しみ，辛さ等をすぐに許してしまえるほど，私は心が広くないというか，そんないい子ではない．だからまだ一歩が踏み出せないというか，近づくことをすごくためらってる．あなたはこの先，どうするつもりですか？」

開口一番，「前より楽になった」と話す．そして「(父親と)向き合わないといけないと思っているが，やっぱり許せない」と続けながらも，「このままだと家のなかはダメになる．父もつまらないだろうから，かわいそうに思う」と初めて父親を思いやる言葉が明確に出る．さらに，Bは「父には友人がいない．(父親は) 4人兄弟だが，仲も良くない．私たちしかいない．私たちしか頼る人がいないんだと思えるようになった」と話す．〈すごい気づきだよ．なぜそう思えるようになったのか〉と問うと，「ロールレタリングを書いて，そう思えるようになった．父にも事情があったと思う．父が何を考えているのか知りたい」と言い，「まだ，父との間には『壁』がある．しかし私はいずれ家を出

て行く。一緒に住んでいる間に何かできれば……」と静かに語る。「前回のロールレタリングを書くのは大変だった。今回のロールレタリングで書き尽くした感じがする。落ち着きました」と言う。そして、「今までひっかかっていたことが初めて言葉で表現できたし、Coにも話ができた。すごく気持ちが楽になりました」と付け加える。

　自分自身のことについて、Bは「私はかわいくない子どもだった。母に反抗ばかりしていた。しかしロールレタリングをやって、『母を大事にしなくては』と思うようになった。母にキツいことを言ってはダメだと思えるようになった」と言い、数日前に家族のために晩御飯を作ったことを語る。ここでもCoはBの行動の変化を喜ぶ。

　Bは「父に話しかけてみたい。話しかけないと何も変わらないから……」と言う。しかしながら、「話しかけて、もし何も反応がなかったら傷つく」と不安を口にする。「今まで私はずっと受け身だった。一度も父に話しかけたことがない。話しかけたことがないから不安がある。でも自分のこともわかってもらいたい。どう話しかけたらいいのか……」と本音をもらす。Coは、Bが不安に思う気持ちを受け止めながら、〈今大学でロールレタリングを書いて気持ちの整理をしていることを告げて、素直に自分の思いを伝えてみてはどうか〉と助言する。父親への思いは書き尽くしたと語るBに対して、Coは父親の気持ちを理解するために、一度【父親から私へ】のロールレタリングを書くことを提案する。

【解説】第3信では、まだ父親に対する不満が記されているものの、明らかに否定的感情はトーンダウンし、逆にBは「まだ一歩が踏み出せないというか、近づくことをすごくためらってる」と書いているように、これまで存在自体を否定していた父親に対して、自ら歩み寄ろうとする姿勢が出ている。父親に対する否定的感情がほとんど吐き出すことができたことによって、Bの父親に対する認知が大きく変化しているのである。その後の面接で、Bは「父には友人がいない」と父親の孤独を感じとり、「父にも事情があった」と父親の立場を思いやる言葉さえ語っている。また母親に対しても、反抗するばかりだった自己を内省する思いが自然な形で生まれている。それは結果として、ささやかな

ことであるが,「晩御飯作り」という行動の変容にもつながっている。

第4信【父親から私へ】父親自身の寂しさに対するBの理解

「体の調子はどう？　病気はよくなってるか？　学校にはちゃんと行ってるみたいだけど，大学ではどんな勉強をしてるのか？

自分は大学に行ってないから大学がどんな所かわからない。だからBたちがどんなことをしてるのか知りたい。お父さんは朝早く仕事に行って夜帰ってくるから，ほとんどBと顔を合わせることはないし，自分がリビングにいるとご飯食べるのにジャマだろうし，嫌だろうからBたちがリビングに来たら部屋に入ります。部屋では本を読んだりしてる。本当はリビングでずっとテレビを見てたい。おばあちゃんの家にいる猫は呼ぶと来るし，甘えてきたりするから可愛い。あとK（犬）も自分が帰ってきたら喜ぶから可愛い。お父さんはBやL（兄）のことを知らない。大学もお金がないから行かせるつもりもなかったけど，自分たちで行くみたいだからやらせた。

お父さんは毎日バイクで仕事に行ってるけど，本当は車で行きたい。でもお母さんが使うなって言うからバイクで行ってるけど，バイクは冬はとっても寒いんだよ。Bもバイトまでの自転車は寒いんじゃない？　お母さんに車で送ってもらえばいいのに。

そういえばずっと前，お父さんが会社の人と飲みに行ったりすると，帰り，お母さんとBがよくお父さんを車で迎えに来てくれてたね。前みたいに少しでいいからBと話せたらとお父さんは思ってる」

2週間ぶりの面接。Bは「この2週間は行動に移せなかった。話しかけようと何度も試みたが……。リビングにいるときを狙ったが，後ろ姿を見てると言い出せなかった」と言う。Coは〈努力しようとしていること自体がすごいこと。簡単にできることではないよ〉と伝え，Bの頑張りを支持する。

「今回のロールレタリングを書いて思ったことがある」と言って，Bは「これまで父のことをすべて否定的に考えていた。でも今回初めて肯定的に書けた」「父も本当は私たちに話したいのではないか。話すきっかけがほしいのではないだろうか。以前は姿を見るのも嫌だった。今は，父がいることが普通に

受け入れられるようになった。父への見方が変わった。でも普通に話せるには時間がかかる」と話す。Coは，Bの苦しい気持ちを受け止めつつ，〈今のあなたで十分OKですよ〉と伝える。するとBは「今はとても気持ちが楽です」と笑顔で応じ，さらに「私は楽になったが，父は楽になっていない。父にも楽になってほしい」と言う。〈すごい気持ちの変化ですよ〉と伝えると，Bは「短期間で私は大きく変われた」と話す。最後にBは「書きたいことは書き尽くした。後は行動を起こすだけ」と言う。そこで，今後の面接の方針を話し合った結果，Bは父親に対する行動を起こせた後に来室することに決める。そして，Coは，父親と会話ができて気持ちに変化があった場合，【私から父親へ】のロールレタリングを書くことを提案し，その日の面接を終了する。

その後，BはーーCoの部屋を来室する。なかなか行動を起こせないことを告げ，「このまま父親に対して何もできないかもしれない」と不安をもらす。これに対して，Coは〈行動を起こせることは容易ではない。今，とても辛いことをしている〉とBの苦しみを受容する。そしてCoは，Bが行動に移せる勇気をCoから与えてもらいたいものと察し，〈いつかきっとチャンスが来る。そのときを待って，ゆっくりとやってほしい〉と伝える。結局，第4信のロールレタリングを書いてから，Bが次の第5信を書くまでに1ヶ月を要することになる。

【解説】父親に対する否定的感情を吐き出せたから，Bは父親の奥底にある感情を推測できるようになっている。すなわち，第4信でBは，父親自身の寂しさをつづると同時に「Bもバイトまでの自転車は寒いんじゃない？」とBの身体を気遣う文面を記している。これは，父親自身が感じている寂しさをB自身が理解していることであり，そして「父親として娘の身を案じてほしい」と願うB自身の素直な思いに他ならない。面接で，Bは「これまで父のことをすべて否定的に考えていた。でも今回初めて肯定的に書けた」と語っているように，父親に対する見方が大きく変わっている。Bの心のなかにあった「しこり」が解け，他者理解が深まっていることが理解できる。そしてBは「短期間で私は大きく変われた」と自身の変化を実感し，さらに「父にも楽になってほしい」と願うように，憎しみしかなかった父親を許す気持ちさえ生まれて

いる。自分の思いを吐き出し気持ちが浄化された結果，父親に対するBの認知が大きく変容しているのである。

> **第5信【私から父親へ】娘としての父親への素直な願い**
> 「私はずっと，お父さんは私たち家族に関心がなく，嫌っているのかなと思ってた。
> お父さんはいつも自分の部屋に1人でいることが多くて，何をしているのか何を考えているのか私にはまったく理解できなかった。今もわからないけど，昨日話してみてほんの少しだけだけど，私とお父さんとの間にあったものすごい分厚い壁が少しはうすくなったかなと思う。そして，絶対真剣には答えてくれないだろうなと思ってた私の問い掛けにも意外とまじめに答えてくれた。私の体のことも気にかけてくれてたみたいで驚いた。本当は私のこと嫌いじゃないのかな？ 嫌いじゃないなら，もっと仲良くできたらいいね」

最初にBは「話せた！ 頑張った！ 心のつかえが取れた」と喜びを隠さない。「2日前に『就職の相談があるんだけど……』と言って，父に話しかけてみた。話しても乗ってこないと思っていたが，意外にもいろいろと答えてくれた」と話す。「幼少の頃より私の身体が強い方ではないことを気遣ってくれたのかな」と前置きしたうえで，Bは「父は『身体に負担がかからないためにも，事務職がいいのではないか』などとアドバイスしてくれた。本当にうれしかった」と明るく話す。Coは〈よく勇気を出して話しかけたね。お父さんもBに話しかけられてうれしかったんじゃないかな〉と伝えると，Bも笑顔で応じる。

翌日，Bが2階から下に降りていくと，テレビを見ていた父親が声をかけてくれたという。「今までだったら，避けるように自分の部屋に入ってしまうのに，『相談があったら，いつでもしてくれていいから』と言ってくれた。うれしかった」と話す。「高校や大学の進学のときに父に相談したことはなかった。もっと早く相談しておけばよかった」〈今からでも，遅くないよ〉と言うと，Bも明るい表情でうなずく。

「ロールレタリングをやって一番変わったのは父への見方です」と言うBに，

〈あなた自身も大きく変わったのではないですか〉と伝える。すると「ロールレタリングをやって本当によかった。ロールレタリングをしなかったら何も変わっていない。これから父ともっといろいろと話をして，父の気持ちも聞いてみたい」と明るい表情で話す。Co は，あらためてこれまでの B の頑張りを支持したうえで，〈これまでのロールレタリングをふり返るために，感想を書いてほしい〉と最後の課題を提示する。

【解説】B にとって最大の行動の変容は，日常生活における父親との和解である。そのきっかけとして，Co は「父親に話しかけること」を示唆した。この行動は，ささいなことではあるが B にとっては大きな勇気を必要とし，実際に話しかけるまでに1ヶ月を要している。その努力がいかに大きなものであったかは，第5信後の面接で B が達成感を Co に告げて喜ぶ姿に表れている。父親に対する B の認知が変わっただけでなく，それを行動の形で具現化できたことは，父親に対する葛藤が解消されたことを示している。結果として父親から温かい応答があったことで，B が大きな安堵感を得たことは想像に難くない。第5信の文面の最後には「嫌いじゃないなら，もっと仲良くできたらいいね」と娘としての素直な願いを書き，面接でも「これからは父に積極的に話しかけたい。父と仲良くなりたい」と父親との関係を自分から積極的に変えていこうとする気持ちが生まれている。

第6信【ロールレタリングの感想】ロールレタリング全体のふり返り

「私は今までずっとお父さんが嫌いだった。子どものことに興味がなくて家族も大切にしないし，自分の好き勝手にやって，お母さんにすごく負担をかけてる『邪魔な存在』としか思えなくて，いつも『早く，いなくなればいいのに』と思ってた。

　一緒の家に一応住んではいるものの，ここ何年も一言も話してなかったし，別に話したいとも思わなかった。けど，ロールレタリングをしようと思って，誰に書こうかと考えたとき，なぜかお父さんのことが頭に浮かんで，それを書いてみたらペンが止まらない位，書きたいことがたくさんあった。書いてる途中，涙が止まらないときもあった。そこで初めて『お父さんと向き合わなきゃいけないと

きがきた』と思うようになって，ずっと私の心にはお父さんの存在がひっかかってたんだなってことがわかった。

　何回か書いているうちに私のなかで心の変化が表れていることに気づいた。今までは私の立場から一方的に相手の悪い所を責めるばかりだったけど，お父さんの立場に立って気持ちを考えていたら，そうじゃないのかな？って思うこともあったし，今までは否定的な考え方しかできなかったけど，肯定的に考えることによって，お父さんの存在を受け入れられるようになってきた。実際に自分から話しかけるまでは怖くて不安でなかなか近づくまでに時間がかかったけど，話してみたら思っていたよりもたくさん向こうが話してくれて驚いたし，私のこと嫌ってないんだと思うと，少しうれしかった。

　今でもお父さんの態度や行動，すべてを許せたわけじゃないけど，私のお父さんは世界に１人しかいないわけだし，今まで育ててもらったことに感謝もしてるから，これからは顔を合わせたら声をかけたいし，大事なことは相談したい。何よりも，私にとってお父さんは大切な存在だということをこのロールレタリングを通して気づくことができてよかった。先生，私の話を聞いてくれてありがとうございました」

　あらためてロールレタリング全体の感想を問うと，「ロールレタリングを書いて，私は変わったと思う」「ここに書いたことにとどまらず，これからは父に積極的に話しかけたい。父と仲良くなりたい」と話す。母親のことに触れて，「母はよく私に父のことで愚痴を言う。前までは，一緒になって私も『嫌だよね』と言っていた。今は『まあ，いいじゃん』『お父さんにもいろいろあるんだよ』と言えるようになった」と笑顔で話す。さらに，「前は父がいなくなればいいと思っていたが，今はいなくなると嫌な気持ちです」と言い，「これまで家族は４人で，父は１人離れてる感じだった。これからは父を入れて５人の家族にしたい。仲良くご飯を食べれるように，いつかはなりたい」〈その日が来ればいいね〉「はい」と明るく答える。

　最後にCoは，今回のロールレタリングをするに当たって，「カウンセラーの存在」について質問してみた。Bは「（ロールレタリングは）１人ではできない」と即答し，さらに「Coに読んでもらえる，話を聴いてもらえるからで

きる。書いたものを見せに行こうと思える。父に対する行動についても，誰かに気づかれないままなら，何もしなかったかもしれない。（行動したことを）知ってもらいたい。『頑張ったね』と言ってもらいたい。1人だったら毎回同じような内容になっていたと思う。先に進まなかった」と話す。最後に「ロールレタリングをやって本当によかった。ロールレタリングってすごいですね」と語り，あらためて Co に感謝の言葉を告げる。

【解説】【ロールレタリングの感想】でBは，自分自身の心の変化をつづりながら，「私にとってお父さんは大切な存在」とまで記している。父親に対して嫌悪感しかなかったBが，父親に対する愛着心を取り戻しているのである。この事例を読むと，ロールレタリングを行うためには，「カウンセラーの存在」が必要であることがあらためて理解できる。最終面接でBは，「（ロールレタリングは）1人ではできない」と言い，「毎回 Co に読んでもらい励ましてもらうことが支えになっていた」と語っている。クライエントがカウンセラーに守られているという安心感を抱いていたからこそ，自分の内面の問題と向き合えたのである。とくにBが父親との和解を求めながらも，話しかけるという行動を起こすことに不安を感じていたとき，Co がBを支えていたことは大きな励みになっていた。さらに，Bが「1人だったら毎回同じような内容になっていたと思う。先に進まなかった」と話しているように，ときにはカウンセラーが適切なタイミングでロールレタリングの書き方や課題を助言することも必要であったと思われる。

第 **4** 章

事例3：母親に対する葛藤が解消する過程

　学生相談をしているとわかるが，父親に葛藤があるケースより，母親に対して葛藤がある大学生の方が断然多い。これは，日本社会の家族のあり方として，「男は仕事，女は家庭」という考えがいまだに根強く残り，子育ての大半が母親に任されていることと関係がある。とくに女子学生にとって，同性の母親の存在が父親よりも成長の過程で大きな影響を与えていることは否定できない。こうした事情があるため，母親に対する葛藤を解消できないまま，成人になってから，さまざまな問題行動を起こしたり人間関係がうまくとれなかったりする大学生が多い。本事例は，幼少期に「いい子」で過ごしてきたクライエントが，高校の頃から母親に反抗するようになり，当時非行に走ったケースである。ロールレタリングを書き進めるなかで，母親に対する深刻な「疑問」を告白している。なお，本事例は，途中でロールレタリングが中断しているときがあるので，面接回数を記している。

　クライエント：C（女子）　大学3年生　21歳
　主訴：「母親との関係がよくない。言いたいことがあるが，何も言えない。就職活動を来年に控えているが，何事にも意欲が出ない」
　家族構成：幼少の頃，両親は離婚。自営業の義父，母親，姉（20代後半），兄（20代半ば），Cの5人家族。姉と兄は結婚をして実家を離れている。Cによると，父親は仕事一筋の人間。頑固な性格で「暴君」だという。母親は「頑張り屋」で，気を遣うタイプ。なお，Cは下宿生活をしており，たまに実家に

帰っている。

問題の背景：Cが小学生の頃，両親は多額の借金を背負った。そのため母親は家業の手伝いに忙しく，そのうえ姉が病気で県外の病院に入院していたこともあって，Cは1人で過ごすことが多かったという。高校は母親の強い勧めで，県内でも有名な私立の進学校に入学する。しかしCにとって母親の期待は重圧であり，入学後は不登校気味になり，退学して定時制高校に転校する。新しい学校でできた友人を不良扱いした母親との間で言い争いが続く毎日となり，この頃から母親との関係は悪化し，何度も家出をくり返した。大学では下宿生活をしているが，たまに実家に帰ったときもCは両親と必要最低限のことしか話さない。日頃からCは，両親だけでなく交際している男性に対しても「愛されている実感」が持てず，毎日の生活で不全感を感じていた。しかし自分の感情を素直に出すことには抵抗があり，大学での友人関係においても，「人との距離がとれない」と悩んでいた。次第に学業にも身が入らなくなり，大学の講義を欠席することも増えていった。

●ロールレタリングの過程

第1回　第1信【私から母親へ】母親に対する寂しさの吐露

「今まで言ったことはなかったけど，私はずっと1人で寂しかった。小さいときからずっと仕事があるから仕方がないと思ってたし，私が寂しいとか言うことでお母さんを困らせてしまうと思って言えなかった。お姉ちゃんが病気になったとき，お母さんはつきっきりになって他県に行ってたから，その間本当に寂しかった。でもやっぱり困らせちゃいけないと思って，本当のことは言えなかった。小さかったから，本音を言うことによって困らせて，嫌われるんじゃないかっていう思いもあったから，私はただいい子になるしかなかった。甘えることもなくなっていった。その思いがまだ心のなかにあるのかもしれない。だから今でも本音なんて言えないし，お母さんの前で弱音をはいたり，涙を見せるなんてありえないことだと思う。友だちの家に行ったとき，そのコは家族と何でも言いあって仲が良くて楽しそうに笑ってて，私は悲しくなった。うらやましかったんだと思

う。私もそうなりたい」

　ロールレタリングを書いた感想を尋ねると，Ｃは「少しすっきりした。ロールレタリングに書いた内容は今まで言えなかったことです」と話す。〈なぜ今まで言えなかったのですか〉の質問に，「考えたくなかった。人を責めることに罪悪感があるから」と言う。こうした話を聴きながら，Coは，ロールレタリングにも書いてあるように，これまでＣが「いい子」として振る舞わざるを得なかった背景があることを強く感じる。

　その後Ｃは，幼少期の両親のＣに対する言動や家族のこと，さらには現在の友人との付き合いについて語る。Ｃは，両親だけでなく今交際している男性に対しても，「愛されている実感」がわかないと本音をもらす。母親に対して，「甘え方がわからない。しかし，今さら恥ずかしくて甘えることなどできない」と言う。面接中に涙がこみ上げてくるのを抑えて我慢する場面が何度もある。最後にCoは〈まだまだ母親に対して言いたいことがあるのではないですか。しんどいことだけれど，今の形で書き続けてほしい〉と伝える。

【解説】第１信において，書き出しからＣの「寂しさ」を訴える内容がつづられている。寂しさの感情こそ，Ｃが誰にも言えなかった本音だったのである。初めて本音を書けたことで，面接で「少しすっきりした」と語っているように，Ｃにカタルシス効果がみられる。しかし同時に「人（母親）を責めることに罪悪感がある」と述べているように，母親を非難することに抵抗感を示している。初めてネガティヴな感情を書くことによって，Ｃの問題，すなわち「いい子」の面が表面化し不安定になっているのである。ここでCoが「本音を書くことは大切なこと」と促すことで，続く第２信に少し変化が表れることになる。

第２回　第２信【私から母親へ】母親に対する初めての不満感情

　「いつも１人で寂しい。でもお母さんも頑張ってるの知ってるから誰にも言えない。言ったらいけない気もするし。でもその気持ちを抑えるのは苦しい。お母さんと一緒にいるとき，言いたくても言えなくて，どうしていいのかわからなくなる。うまく甘えられない。おばあちゃんのところにいても，おばあちゃんはあ

くまでもおばあちゃんでしかないし，私が甘えたいのはお母さんだって痛感して苦しくなる。きっと当たってしまったりもしたと思う。

　お母さんはいつも私に否定的な言葉を使うよね。そのたびに私が悲しくなるの知ってた？　私はダメな人間，認められてないみたい……。お兄ちゃんと同じ失敗しても態度が違ったり，お姉ちゃんと比べてお姉ちゃんはそんなことしなかった，とか。理想の子ども像を押し付けて過剰な期待をするのは止めてほしい。私じゃダメなの⁉　ありのままの私を認めて愛してほしい。お母さんの期待に応えるのは疲れる。普通の子どもになりたい」

　「一週間の間，ずっと何を書こうかと考えていた。すると，『昔の自分』が出てきた」〈『昔の自分』とは？〉「１人でいるときの自分。ちっちゃい子がすぐそばにいる。感情を出せないちっちゃい子がいる」「このことがしんどくなって，（交際している）彼に話してみた。彼は『今からでも間に合う』『今から母親に甘えても遅くない。大丈夫』と言ってくれた。それで落ち着いた。大丈夫だと思えるようになった」〈『大丈夫だと思える』とはどういう意味？〉「母親に普通に受け止めてほしい。否定せずに自分を認めてほしい」と答える。

　さらに「ロールレタリングを書くようになってから，母親から電話がかかってきても嫌ではなくなった。以前は話しにくかった。距離がある感じだった」と言った後で，「もしかしたら距離は，自分がつくっている壁かもしれない」と言い，さらに「初回面接で，人との距離がとれないと言ったが，この問題を母親に責任転嫁していることに気づいた」と語る。これに対してCoは〈すごい気づきだよ〉と応じる。今回もＣは涙が出そうになるのをこらえようとする。Coは〈泣くことを妨げないで，じっくりとロールレタリングを書いてみませんか。泣くことでＣ自身が大きく変われるかもしれない〉と伝える。Coの言葉にうなずきながら「二度ロールレタリングを書いて，少し楽になった。すっきりした」と語るＣに対して，Coは〈もっとすっきりするかもしれないよ〉と告げる。

【解説】第２信で，初めてＣは「過剰な期待をするのは止めてほしい」とやんわりとではあるが母親を攻撃できている。さらに「お母さんの期待に応えるの

は疲れる。普通の子どもになりたい」と母親に望むこと，すなわち素直な不満感情も出せている。こうした表現ができたからこそ，面接で語っているようにさらにカタルシス効果が得られ，実生活においても母親との電話のやり取りが以前と比べて楽になる（緊張しなくなる）といった変化が表れている。気持ちが少し浄化した結果，母親に対する認知が変化し，Ｃが「母親との間にあった距離」を感じなくなったのである。また，「人との距離がとれないことを母親に責任転嫁している」と自己理解が芽生えている点も吐き出しによる効果である。

第3回と第4回

　Ｃはロールレタリングを持参せずに来室する。第3回で，Ｃは「実は最近，彼との間がうまくいっていないため，ロールレタリングに集中できない」と言う。Ｃｏは「（ロールレタリングを書くことは）無理する必要はない」と伝える。第4回で，Ｃは今交際している男性とのこれまでの付き合いをふり返る。「彼は初めて甘えられた人。失いたくない」と訴える。一方で「母親へのロールレタリングは書きたい。このままの状態でロールレタリングが終わってしまったら，彼に依存してしまいそう」とロールレタリングを書き続ける意思があることをＣｏに伝える。

【解説】ロールレタリングに取り組むには，心のエネルギーを要する。Ｃの場合のように，交際している男性との関係がうまくいっていないときなど日常生活で不測の事態が起きると，ロールレタリングが書けないことはよくあることである。このようなとき，Ｃｏは書くことを無理強いすることなく，Ｃの気持ちに寄り添うことが重要である。しかしＣはロールレタリングを継続したい意思を告げていることから，自分の課題を解決したい意欲が高まっている。こうした意欲が生まれているのは，Ｃｏの支えのもとに，第2信までにＣが本音を書いてカタルシス効果を感じているからである。

第5回　第3信【私から母親へ】
　　　　不満感情と母親の立場への理解との間で葛藤するＣ

> 「お母さんは私によく『Cはお姉ちゃんと違って人に甘えたり，くっついていかない。自分のことも話さない』って言うけど，それは今までずっと我慢してたからどう甘えていいのかわからないんだよ。少し大きくなったとき，自分のこと話して否定されたのもあるし，私が本当に大事に思っている友だちのことも否定されて，もうそんなこと言われるくらいなら1人でいた方がいいと思ったから。子どもの頃から我慢するのは慣れてるし。（中略）でも今思うと，お母さんだっていっぱいいっぱいだったんだろうね。そのときに私が自分の心にふたしちゃったからお母さんの期待とか重いって思うようになって否定的な言動に傷つくようになったのかもしれないね。私の方が理想の母親像を押し付けて，それとはかけはなれたお母さんに絶望してたのかもしれない。それか話さないから相手のことがわからなくてお互いに理想を押し付け合ってたのかもしれないね。私は子どもの頃から結婚したら共働きだけはしない。お母さんのようにはならないって思ってた。でもそうやって自分の親を否定してる自分が嫌でたまらない。否定的な言動で傷ついて，何もせずにふたして逃げてる自分も嫌。いくら親子だって本音は言わなきゃわからないのにね。ちゃんと本音を言っても受け止めてくれるかな。少しこわいけど，私が最初に逃げてたんだから私が変わらなきゃね」

「自分のことを理解してもらうより，私が変わろうと思う。母親は私を押し付けるような言い方をしてきたが，私も母親に押し付けてきたように思う」「自分が我慢していたことに今，気づいた。昔は我慢することが当たり前だと思っていた」とふり返る。〈書いている間，どんな感じがした？〉の問いに，「自己嫌悪の感情がわいてきた。母親の気持ちを認められない自分に対して，悲しかったり，悔しかったりする思いがあった」と告げる。ここでCoは，Cが自分を責めてしまう「いい子」像に縛られているように感じ，〈母親に対して，不満や怒りの感情とかわからない？〉と質問する。Cは「仕方がなかったこと。もう昔のこと」と言い，「昔は学校では不良で，家ではしっかりしていた。感情がわからない。どうしたらいいのでしょう……」とつぶやく。Coは〈何か昔のエピソードを思い出して，そのときの自分になりきって，思いを吐き出してみてはどうか〉と初めてロールレタリングの書き方を助言する。最後にCは，「彼との関係は落ち着きました」と笑顔で語る。

【解説】第3信では，母親を非難するなかで，「お母さんだっていっぱいいっぱいだったんだろうね」と初めて母親の立場を思いやる文面が記されている。その後で「私が最初に逃げてたんだから私が変わらなきゃね」と自分にも問題があったことを記している。ここでCoは，自己の課題に気づいている点は評価できるものの，Cが母親に対して「感情がわかない」と言っているように，否定的感情が心の奥底に封印されていると考え，〈幼い頃の自分になって，思いを吐き出してみてはどうですか〉と初めてロールレタリングの書き方について助言をしたのである。

第6回　第4信【私から母親へ】過去の再体験と根源的な不安の告白

「(前略) 小学生の低学年の頃，暗くなっていく様子を大きくて静かな家で1人で感じてるとき不安で寂しくてたまらなかった。お姉ちゃんが病気してたとき，私を1人にして学校に行かせるよりも学校を休ませてでも一緒にいてほしかった。でも『Cはしっかりしてるから』ってそれだけですませて，私はそう言われるたび，期待に応えようとして本音を言えなかった。(中略) 高校を決めるときも私はM県の高校に行きたいって言ったのに，お母さんは地元の進学校に行かせたがった。『あんたはM県で生活するのはムリだから』『成績いいんだから進学校に行くべき』って。わかってもらおうとしたけどムリだった。結局，私はお母さんの期待通りにしてしまった。でも行きたかったわけでもないし，どんなにお母さんの期待に応えても認めてもらえないし，疲れた。中・高で家にはいたくないし，外でいろいろしても満たされなくてボロボロだったとき，支えてくれた友だち，私には本当に大事な人なのに，見た目が悪そうだからって批判して，ものすごく腹が立った。私も私の周りの人も認めないんだって。もういいって思った。どんなに期待に応えても認めてもらえなくて，そのたびに私の期待はいつもいつも裏切られて……。悔しかった。

　そういう思いを抱えているときに，おばさんから『Cが産まれたとき，お母さんたちはCをおばさんにやろうとしてた』って聞いてどうしようもなく悲しかった。ずっとそのことが消えなかった。怖かったけど，しばらくしてからお母さんに聞いたよね。そのときお母さんは少し笑って否定も肯定もせずにごまかした。本当だったんだと思った。事実でも私が聞いたときくらい否定してほしかっ

た。私は産まれたときから，あまり愛されてなかったんだと思った。私は誰にも必要とされていないんだって。すべてがどうでもよくなった」

　「書くのがきつかった。書いている間，涙がポロポロ出た」と語る。Coは今回のロールレタリングで思いのたけを吐き出せたことを大いにねぎらう。Cは「ロールレタリングを書きながら，忘れていたことをありありと思い出した。（過去のことは）消していたように思う」「当時は文字にできなかったことを書けたことで，少しは（過去を）受け入れられたかもしれない」と言う。

　そしてCは「書いてすっきりしたが，変な感じがする。自分は母親にとって，『いらない子』ではなかったのかを聞いてみたい」と告げる。高校時代に母親と言い争うなかで同じようなことを言われたことがあり，その頃のことに触れて，「そのとき，もうどうでもいいと思った。学校も辞めてやると思った」と語る。さらに「私は母親とちゃんと話したことがない。しかし，今はまだ尋ねる勇気がない」と言って，今義父が体調不良で入院し，兄の子どもたちの世話で母親が忙しくしていることを語る。今回初めて，面接中涙を抑えずに話すCに対して，Coは〈涙を抑えずに，素直に自分の気持ちを出していることは大切なこと〉と伝える。そして，母親に対する洞察を進めるために，〈次回は【母親から私へ】の形で書いてみてはどうですか〉と提案する。CもCoの提案に同意し，「母親の気持ちになってこの手紙を読んで，（ロールレタリングを）書いてみる」と言って，今回持参したロールレタリングを持ち帰る。

【解説】第4信でCは，子どもの頃の自分自身を思い出しながらさまざまな思いを吐き出した後，幼少の頃から悩んでいた深刻な疑問，すなわち母親に「愛されていなかったのではないか」という，根源的な不安を明らかにしたのである。抑圧していた思いをリアルに思い出して感情を発散したからこそ，この不安を書くことができたのである。そしてこのロールレタリングを書くなかで，Cが「書いている間，涙がポロポロ出た」と語っているのは，封印していた過去を再体験して出せなかった涙を流し，自らの心の傷を癒している証である。ここでCoは，Cが母親への思いを十分に吐き出せたものと考え，母親の気持ちを推測するために，母親からCへのロールレタリングを求めたのである。

第4章　事例3：母親に対する葛藤が解消する過程

> **第7回　第5信【母親から私へ】母親の寂しさと娘としての願い**
> 「辛い思いをさせてたんだね。気づかなかった。Cは1人でも大丈夫そうだったから。
> 　1人にしたり怒ったり批判したりしてたのは全部Cのことを思ってしたことだった。そうしたら，もっとよくなってくれると思ってた。
> 　Cは好かれようとしてお母さんに本音を言わなくなったってことだけど，年齢が高くなるにつれて，お母さんとの接点がまったくなくなっていって。でも家の外でのことは一言も話さないし，お母さんも寂しかったよ。もっと心を開いてほしかった。
> 　きょうだいは平等に接してたつもりだよ。お母さんはみんなをちゃんと愛してるから」

「書くのが難しかった。たくさんは書けなかった」と話す。Coは〈本音を書けたことがすごいことですよ〉と伝え，〈文面から，母親に「愛してもらいたい」という思いが伝わってくるね〉と言うと，Cは黙ってうなずく。

最近のこととして，「母親から非難されても反論するようになった。以前ほど母親にとらわれていないように感じる。過去の自分と今の自分は違う」〈なぜそう思えるのですか〉「ロールレタリングで吐き出して，自分の心のなかに何もなくなった気がするから」と語る。先週，今交際している男性を初めて母親に紹介した。「母親に知ってもらいたかったから」「母親が彼のことを『いい子ね』と言ってくれたことがうれしかった」と笑顔で語る。

今後の母親との関係について，Cは「やはり弱音は吐きたくない。涙を見せたくない」と言う。理由を問うと，「恥ずかしいから」と答える。その後，最近見たテレビ番組を話題にして，Cは「『親の前で，下着で歩けるか』という内容の番組があった。親の前で，そんな格好で歩くことは絶対にできない」と言う。〈お母さんはどうなの？〉と問うと，「母親は私の前では平気で下着姿になっている」と言った後，はっと気がついたように「心を開いていないのは私なのかもしれない。私の方から，本音でやり取りをしたことがない」と続ける。そこでCoは〈今がいい機会かもしれない。少しでもいいから本音で話し合う

95

ことができればいいね〉と伝えると，Ｃもうなずく。

【解説】母親に対する十分な吐き出しができたから，Ｃは母親の奥底にある気持ち——それは母親に願う思いであるが——を書くことができている。第５信に書かれた内容は，母親の心情を推測した結果として，自然とＣの心に浮かんできた母親に対する素直な愛情表現ともいえる。Ｃは，母親にとらわれていた自分自身に気づくことができ，母親に交際している男性を紹介するなど行動にも変化が表れている。さらに大きな気づきとして，心を開いていないのは母親ではなく，Ｃ自身であったと自己理解も深めている。そこで，Ｃｏは，今こそＣが本質的な問題を解決するためのチャンスと考え，母親と本音で話し合うことを提案したのである。

第８回

　年を越えて最初の面接。Ｃは「結局，母親には本音で話はできなかった。実家にいると母親にいろいろと言われる。しかし以前とは違って，自分の意見を言えるようになった」と語る。「母親に対するわだかまりは少なくなった」とは言いながらも，将来に関する話題になった際，「自分が大きくなったとき，ちゃんと子育てができるだろうか」と不安をもらし，「やはり気になっていることは話し合わないといけないのかな……」と語る。そこでＣｏは〈直接言うのがしんどければ，手紙を書いて渡してみたらどうですか〉と助言する。Ｃは「母親から『今さら何でこんなことを言うの』と言われたら……」と言う。ＣｏはＣの不安を受容したうえで，〈Ｃさんは今までよく頑張ってロールレタリングに取り組んできました。ここまで十分に気持ちも整理してきたと思います。ここで止めてもロールレタリングをやってきた意味は十分にあります〉と伝える。少し考えたうえで，Ｃは「来週，もう一度実家に帰ることになっている。そのとき，手紙を書いて渡してみたい」と言って，次週の面接には下書きしたものを持ってくると告げる。

【解説】「母親と本音で話し合う」という課題は，Ｃも必要性を感じているものの，長年できなかったことであるだけに，面接では行動に移せない葛藤が語ら

れている。そこで，Co は直接話し合うのではなく，ロールレタリングを手渡すという提案をしてみた。何らかの形で母親に自分の気持ちを伝えることは，C が乗り越えなければならない壁である。しかし Co はここまでロールレタリングで自分の気持ちを整理できたことを称えるに留め，あくまでも意思決定はC に任せている。

第9回　第6信【私から母親へ】実際に母親に手渡す手紙

「今，カウンセリングを受けてるんだけど，それで私は子どもの頃のことがひっかかってるってわかった。（中略）ひっかかってることがあるってことがわかったから，お母さんにも知ってほしいっていうか，少しでも私のことわかってほしくて。

　私は子どもの頃，小さいときから1人でいることが多かったよね。今は事情がちゃんとわかるし，お母さんたちの考えとか思いも予想できる。子どものときも子どもなりに事情がわかってて，そのなかで私はお母さんたちに迷惑かけて嫌われないようにいい子でいようってしてた。だから本当は寂しいのに1人でも大丈夫なように振る舞ってた。でも本当はいつも寂しかった。本音が言えないのもキツかった。そんなときにっていうか今もだけど，きょうだいと比べたり，私に否定的な言葉とか物言いされて，よけいに寂しい思いをして，どんどん本音が言えなくなっていった。そのうち，どうでもいいって思うようになった。だから中・高校生の頃なんか家以外での私とか交友関係とかまったく知らないでしょ。本音とか全然言ってないから私がどんな子かも本当はよくわかってないんじゃないかな。私もちゃんと本音が言えるようになりたい。その前に聞きたいことがあるんだけど，私が産まれたとき，おばさんにやろうとしてたっていうのは本当のことなのかな。前1回だけ聞いたことがあるけど，笑ってごまかしてたから。ちゃんと教えてほしい」

「最初は書きにくかった。母親が読んでも傷つかないようにと思いながら，この手紙を書いた」と話す。Co は〈とてもうまく書けている。自分の気持ちの伝え方がうまくなったね〉と C の書いた手紙を称える。「明日実家に帰るが，母親は仕事で忙しくゆっくりと話す時間がとれないので，帰り際に手紙を渡し

たい。母親からは何らかの形で返事が欲しい。（この手紙を読んで）母親がどう思うのかは不安です」と本音をもらす。CoはCの勇気を称えるとともに，〈自分の気持ちを伝えることは大切なことですよ〉とCの行動を支持する。

【解説】本来，ロールレタリングは実際に投函されることのない仮想の手紙である。しかし抑圧していた感情を外に出すなかで，クライエントが自分の本音を相手に伝えたくなることがある。すなわち，「自己表現力の向上」である。本事例の場合，第1信からCは母親に対して「寂しさ」を訴え，第4信において幼少の頃から抱いていた根源的な疑問，すなわち「見捨てられ感」を告白する。こうしてみると，Cが異性に対して「愛されている実感」がもてず，友人との人間関係もうまくとれなかったのは，幼少期からの母親との関係に問題の根があるものと考えられる。ロールレタリングにおいて自らの「寂しさ」をみつめ，根源的な悩みを開示したことによって，Coの後押しもあって，Cは自己の本質的な問題に向き合う勇気が生まれたのである。その結果，Cはロールレタリングを母親に手渡すことを決断できたのである。

第10回　第7信【母親から私へ】実際に母親からCにあてた手紙

　Cが渡した手紙に対して，後日母親から長々とつづられた手紙がCに送られてくる（以下，母親の手紙は内容を要約して紹介する）。

　書き出しからCに対して，「寂しい思いをさせてしまって，ごめん。一生懸命，働く姿を見せていれば，何も言わなくてもわかってくれると思い込んでいた。Cに甘えていたと思う。ごめん」と何度も素直に謝罪する内容がつづられている。その直後に，Cが最も気にしていた疑問に対して，「Cをおばさんにやろうとしたということだけど，それは誤解だよ。ちゃんと説明してなくて，Cの心を傷つけてしまったネ。ごめんなさい」とはっきり否定し，出産当時の家庭の事情を説明して誤解を招くようなことがあったことが正直に記されている。その後，難産のうえにCを産んだときの様子が書かれ，さらにCが誕生したときのことに触れて，「1人で頑張って産んだんだ。うれしさのあまり涙があふれた。21年たった今もはっきり覚えています。大切に育てていこう。私が守ってやろう。そう誓ったのに，うまくいかなかったみたいだね。ごめん」とここでも謝罪する内容

が記されている。

　母親の手紙を読んでCは「素直にうれしかった」と言う。しかし「手紙を渡したことを後悔していないが，母親にキツい思いをさせたかもしれない」とここでもCは罪悪感をもってしまうことを隠さない。そこでCoは再度「相手を傷つけてしまうことに配慮する思いも大切だけど，自分の気持ちを相手に知ってもらうこともとても大切なこと」と伝え，Cの行動は必要であったことを伝える。母親の返信に対して，電話でCは，一言ではあるが，「ありがとう」と言ったという。

【解説】母親にロールレタリングを手渡し，その回答を母親から直接文字にして「母親の愛情」を確認できたことによってCは精神的に安定し，結果として，母親との関係も改善された。ロールレタリングによって，人間関係が改善されたのである。ただ，この時点でもCは母親に対する罪悪感を抱いている。本事例の課題として，Cの罪悪感を十分に言語化させることによって，Cがつくり上げてきた「いい子」像の見直しができていれば，よりCの心の変容は期待できたと考えられる。

第11回

　最終面接。「母親と会っていろいろと話し合いたい気持ちはあるが，話し合ったときに私が泣いてしまうかもしれない。それが嫌。母親に泣かれることも嫌」と語る。さらに「人にはなかなか本音が出せない」と正直に告げる。Coは，ロールレタリングのなかだけでも本音を書けたことを称え，〈今のCさんで十分OKです。少しずつ変わっていけばいいよ〉と伝える。

　これまでの母親との関係をふり返って，Cは「今まで私は偽って母親に接してきた。今回ロールレタリングをしなければ，何も変わっていなかった」と語る。あらためて今回ロールレタリングに取り組んだ理由を問うと，「今までの自分が嫌だった」と切り出し，「ロールレタリングをするまで，母親のことが問題で，他人（交際している男性，友人など）に当たっていたように思う。母親の問題をひきずったままで人と接していた」と語る。ここでCoは，Cの自

己洞察が進んでいることを称える。そして「ロールレタリングを始めてからこの3ヶ月間,何を書こうかと思いながら生活してきた。ロールレタリングのことがずっと頭のなかにあった」と正直に告げ,さらに「ロールレタリングをしてきたことで,以前なら訳がわからなくなって泣くことがあったが,今は(そんな行動は)なくなった」〈なぜ?〉「ため込んでいることがなくなったからかな」と笑顔で語る。

最後にCは「少し気持ちの整理がついたので,しばらく自分なりに頑張ってみたい」と述べる。Coは,Cの希望に添うことにし,いつでも再来室してよいことを伝える。

本面接を終了して3ヶ月後,Cと話をする機会がある。Cは「母親は相変わらず,ガミガミ言ってくる。母親は変わらないなあ」と苦笑する。「しかし,母親に対する変なわだかまりは少なくなった。早く就職を決めて,両親から完全に自立したい」と語る。

【解説】Cの心の変化が具体的に母親に対する行動に表れることはなかったが,母親に対する葛藤はかなり解消され,自己理解が深まり,認知が変わっていることが理解できる。行動を変えることはすぐにできることではない。なぜなら,それまでの長い期間してきた行動パターンは心のなかに刷り込まれているからである。こうした場合,筆者は自分の課題に気づいているだけで十分であると伝えることにしている。気づきがあれば,ゆっくりであっても,よい方向に向かっていける。少なくとも,最終面接の段階で,Cは母親を客観視できており,しっかりと将来をみつめるところまで成長しているのである。

本事例は,ロールレタリングを始めてから,実際に葛藤の対象者にロールレタリングを手渡して,クライエントに認知の変容があった特別なケースとして紹介した。

第5章

事例4:「解離的」症状――「3人の私」の統合過程

　「解離性障害」という深刻な心の病理がある。いわゆる，多重人格である。筆者は「解離性障害」のクライエントのケースを担当したことはないが，「解離的」な症状を訴える若者を面接することはある。自分の心のなかに「別人格」をつくり出して，生き辛さを訴えるのである。ロールレタリングは二者間の対話を行う技法なので，こういう症状のあるクライエントにとって，役割をとって書簡を交わすロールレタリングは有効である。本事例は，自分のなかに「3人の私」が存在すると訴える女子学生が，双方との対話を行うなかで，3つの人格が統合されていく過程を追跡している。最終的に，幼少期のクライエントと母親との関係にたどりつく点に注目してほしい。なお，今回も面接回数を記している。

クライエント：D（女子）　大学3年生　21歳
主訴：「自分のなかに『3人の自分』がいる。自分の気持ちとまったく違うことをする『私（仮の自分）』，その『私（仮の自分）』の行動を非難する『小さな自分』，そして『私（仮の自分）』と『小さな自分』との戦いを制止する『3人目の自分』がいる」
家族構成：父親，母親，父方の祖母，姉，兄，本人の6人家族。父親は会社員で，現在単身赴任をしている。元来無口な父親で，たまに帰ったときでも，何を話していいかわからないとDは言う。Dが幼少の頃より母親は看護の仕事をしていて，両親とも不在なことが多く，Dは祖母に育ててもらったとい

う。両親ともDには躾に厳しく、優秀な姉と常に比較されて育てられた。姉と母は仲がよく、姉は母と同じ看護職に就いている。なお、兄と姉の2人とも高校卒業後は家を出ており、現在は4人の生活である。

問題の背景：幼少期から父も母も仕事で忙しく、家庭にほとんどいない状態であった。Dへの躾が厳しい反面、Dの学校での行動には関心がなく、授業参観だけでなく、両親は学校行事に一度も参加したことがなかった。中学のときに友人関係でうまくいかないときがあり、その当時から自殺願望が芽生える。その気持ちは今ももち続けているという。また、その頃から人の名前を忘れるだけでなく、自分がどこにいるのかわからなくなることが何度もあった。高校生になって、服装のことを友人にからかわれたのをきっかけに精神的に不安定になり、病院通いを始める。医師からは一時入院を勧められたが、両親は世間体を気にして、入院を反対した。

初回面接で明らかになったDの主訴は「解離的」なものである。自分の気持ちと正反対のことをする「私（仮の自分）」がいて、それを「小さな自分」が非難し、さらにその2人の戦いを制止する形で「3人目の自分」がいるという。また、日常生活でDは、感情のコントロールができなくて、悲しいのに笑ったり、また逆のことをしてしまったりする。こうした行動は大学生活に入っても変わらず、人の目を異常に気にして自分の本心とは違うことをしてしまい、対人関係を苦手としていた。

●ロールレタリングの過程

第1回　第1信【「私」から「小さな自分」へ】解離的症状の告白
「初めて、あなたに手紙を書きますね。
　あなたは今、何歳のままですか？　私が私として生きてこられたときのままであなたの時間は止まってしまい、私との間に、何cm、何mもの空間が広がってしまいました。
　私は、何度もあなたを傷つけ無視してきたのに、あなたは何度も何度も私に向かって叫び続け、何度も何度も私が犯す過ちを背負って、そうして今も私をそうやって支え続けてくれますね。

第5章　事例4：「解離的」症状──「3人の私」の統合過程

> もし，できることなら，私はこれからあなたと向き合いたい。あなたを受け入れ，あなたに許されたい。そして，あなただけに背負わせてきたものをこれから一緒にわかち合いたいと思う。こうやって，今まで何度もあなたを振り回してきたけど，今度は裏切ったり，押し付けたりしない。だからどうか，あなたに許されるチャンスを私に下さい」

初めてロールレタリングを書いた感想を尋ねると，「書き始めはどう書いたらいいかわからなかった。うまく書けなかった」と素直に語る。〈「小さな自分」とは？〉の問いに，「本当の自分が止まって，外見だけが大きくなった」と答える。本当の自分は「小さい自分」のまま成長が止まり，表面で人付き合いするのが「私」なのである。

そしてDは，「私はきょうだいの年が離れている。周りが大人ばかりだった。今まで子どもらしい扱いを受けなかった」「同年代の人と付き合うのが苦手。うわべだけの付き合いで，自分の気持ちを抑えて，人に合わせている」と続ける。「私」は「嘘をつく自分」であることを認めたうえで，Dは「嘘をつくことに対する罪悪感はある」と正直に語る。解離的な症状をもつDに対して，Coは〈2人の自分をつくることによって，今まで懸命に生きてきたのではないですか。そうするしか仕方がなかったのではないですか〉と伝えると，Dは素直にうなずく。次に，中学のときのことに話題が移り，「当時が一番しんどかった。その時以来，自殺願望があり，今死んでもかまわない」と深刻な内容を淡々と語る。最後に次回のロールレタリングの書き方として，Coが【「小さな自分」から「私」へ】を提示して，面接を終える。

【解説】 第1信において初めてDは，これまで別々の行動をとってきた「2人の自分」を向き合わせることになる。そこで明らかになったことは，「小さな自分」とは抑圧された「本音を言う自分」であり，「私」とは人に合わせる「仮の自分」であった。2人の自分をつくり出すことで，自分自身が壊れないように守ってきたのである。また，「今死んでもかまわない」と淡々と語るDの口調から，感情を強く抑制しているのと同時に，心の奥底に大きな苦悩があることも理解できる。

第2回　第2信【「小さな自分」から「私」へ】
「2人の自分」との間の激しい葛藤

「初めて私を見てくれたね。大きくなったね。おそるおそる後ろをふり返ったあんた。私を見てどう思った？　醜いでしょう？　着飾ったあんたとは比べものにならないくらい私は醜いでしょう？　きっとあんたはかわいくて繊細な自分を想像してたんだろうけど……そんなわけない。あんたのせいで私はボロボロ。肌は切り裂かれ，何度も何度も血を流し，何度も何度も涙を流し，何度も何度も咽が潰れるまで叫び続けた。

　あんたはそれでも私を裏切った。イヤなものすべてを背負わせた。重たい……。重たい……。

　だから私，あんたが周りの人間とうまく付き合えていることがうれしかった。だって，そうすれば，私は傷つかない。あんたから何も押し付けられなくてすむ。

　周りの人間とうまく合わせるあんた。無意識で仮面をかぶるあんた。後ろからすべてを見てきたけれど，それでもやっぱり最後はうまくいかなくて……。

　あんたは何度も人間に裏切られた。

　なんでなの？　なんでうまく人間と付き合うことができないの!?　あんたが自分の気持ちを言ったり，自分に素直になろうとするから！　だから相手に迷惑がられるんだ。うざがられるんだ!!　ただ，あんたはへらへら笑ってってよ……。そしたら，私もあんたも苦しまずにすむのに……。嘘をついてまで，なんで他人をつなぎとめようとするの!?　1人でいいじゃん。1人でいてよ。1人でいようよ。1人が楽だよ。

　私はもう，あんたの辛さを背負いたくない。

　殺したい。何もかも全部消したい。私という存在も人間という存在も。すべてがなくなってしまえばいい。私をこんな風にしたあんたも，人間も，すべてが憎い……。私は，あんたから解放されたい」

今回もまず書いたロールレタリングの感想を問うと，「過激かなと思った。すごい内容になったなあと思う」と言う。さらに「書いているときは無心。何も思わないでバーっと書く。書き終わったものを見て，罪悪感のような，引け

第5章 事例4:「解離的」症状——「3人の私」の統合過程

目のようなものを感じる。『こんなこと，思ってたんだ……』って考える。でも，落ち込んでいるときにロールレタリングを書くと，気分が楽になる。今回は楽になった」と話す。

日常生活のことに触れて，Dは「感情がついていかないときがある。悲しいのに悲しいと思えない。楽しくないのに楽しく振る舞っている自分がいる」と話し，先日年上の男性との間で大きなトラブルがあったことを告げる。「本当は辛いことなのに泣けないし，平気な気分。辛かったと思えない」と自己の解離的な症状をここでも淡々と語る。〈これまでに記憶がなくなったりしたことはありませんか〉と問うと，「中学のとき友人の名前がわからなくなったことがある。高校のときには帰り道がわからなくなったことが何度もあり，『何で私，ここにいるんだろう』と思うことがあった」と言って，精神科に通院していた事実も明らかにする。

〈Dにとって「小さな自分」とはどういう存在なんだろう〉と質問すると，「いつもは『私』だけが前面に出て，『小さな自分』は後にいる。『私』を中心にして，周囲が囲まれている。嫌なことがあると，回転して，後にいた『小さな自分』が前にくる」と冷静な口調で説明する。Coが〈「小さな自分」は「本音の自分」で，人に合わせる「私」は「仮の自分」ということなのかな〉と言うと，Dは少し考えてから「そう思います」と答える。「今も『小さな自分』は『私』を責めている。自傷できる人は行動に移すことができる。だからうらやましい」と語る。そしてDは「こういうことになった背景に親が関係していると思うが，だからといって，親を責めることに罪悪感がある。自分のことよりも周囲や親のことを考えてしまう。自分さえ我慢しておけばよいと思ってしまう」と話す。さらに「自分が嘘をついてきたから，こうなった。自分より他人のことを先に考えてしまう。今は『小さな自分』を楽にさせてやりたい。『小さな自分』に重荷を背負わせたくない」と続ける。〈ロールレタリングの目標にしたいね〉と伝えると，Dの表情に笑顔が浮かぶ。

ここで突然，Dは家族の話を始める。「先日，父と初めて喧嘩をした。これまで自分は親に感情を出さない人だったのに，めずらしいことをしてしまった！」と語り，「小さな自分」を親の前に出せたことにD自身が驚きを隠さない。親の話題をするなかで，Dは「『無償の愛』というものが苦痛。『辛かっ

たね』などと言われると反発したくなる。『私のことなど，わかっているの！』と思ってしまう。自分の中身を見せると，同情されているような気がする。それが嫌」と自分の正体を人に知られたくないことを正直に語る。

　最後に「実は私のなかに『小さな自分』と『私』との戦いを制止する『3人目の自分』がいる」と告げ，Dは鶏を例に挙げて，「『3人目の自分』は2羽の鶏が喧嘩をしているのを蓋して押さえ込むような役割をしている」と説明する。「次回は，『3人目の自分』を使ってロールレタリングを書いてみたい」と語る。

【解説】第2信でDは2人の「自分」との間にあった激しい葛藤を書いている。すなわち「小さな自分」に初めて本音を語らせることができたのである。面接でCoが示唆しているように，「小さな自分」がDの「本当の自分」なのである。「今回のロールレタリングで楽になった」と語っているように，「小さな自分」のなかに抑圧されていた感情を吐き出すことによって，Dはカタルシス効果を得ている。その結果として，Dが「感情」を出して父親と喧嘩をするという行動ができたことは注目に値する。抑圧されていた感情を吐き出すことによってすっきりした気持ちになり，日常生活において行動に変化が表れている。

第3回　第3信【「3人目の自分」から「私」へ】
生き辛さの訴えと不満感情の吐露

「なんて，なんて生きにくい。なんで，こんなにも生き辛い。あんたと世間をつないでいる間，そう思った。

　あんたは大変だね。ただ生きていることさえも許されず，何度もくだらないことで自身とせめぎ合い，その度に，あんたは自身からかけ離れていく。

　私はあんたを否定も肯定もしない。だって，私はあんたの代替手段でしかないんだから。でもさ，こんなにも生きにくいなら，しょーじきどうでもよくなっちゃうよね。何を言うのもバカらしい。とりあえず自分の責任にしとけばさ，楽だよね。それがたとえ，自分の責任でなくても，『ごめんなさい。私が悪かったです』って表面を言ってたなら，たいていの人間はだまされる。

第5章　事例4：「解離的」症状——「3人の私」の統合過程

　　そう言ってたなら，周りはわめき散らさない。私のなかを見せなくてすむでしょう？
　　うざいと思う，うるさいと思う，中身のないうすっぺらい自論を悠然と語る他人ども……。正直，バカらしい。
　　何がいけない？　生きているだけだ。ただ，空気を吸い，寝て，食べて，存在しているだけだ。それのドコが悪い。自分の思い通りにいかないとすぐに切れて，大げさに振る舞い，群れをつくる他人ども。私のなかへ，私という存在を振り回し，土足で入ってくるな。
　　ねぇ，私はさ，何度もあなたの代替になってあげるよ。私は，あんたをうまく演じきってみせるよ。それでもさ，あんたたちがケンカして，1人でうずくまったあんたを見て，私はかわいそうだと思う。なんて不器用なんだろうって思うんだ。だから，早く楽になれたらいいのにね」

　「『3人目の自分』から『私』に向かって書いているつもりが，周囲の人に向かって書いている気がした」と感想を述べる。「周囲に不満がある。周りを馬鹿にしている気がする」と語り，アルバイト先での出来事を話し始める。アルバイト先の女性が自分勝手で，本人が原因なのにDが人から怒られることがあったという。「そのときのことを思い出して，『なんだよ，こいつは！』『子どもっぽくてバカらしい』という気持ちを今回のロールレタリングで素直に書けた」と語る。〈このことで何か思うことはありますか〉と問うと，「父と母は子どもの意見を尊重しない。自分たちの思い通りにする。生活のなかで同じような場面が出てくると，一番しんどい」と語る。ここでCoはDがアルバイト先の女性に親を投影させていることを理解する。さらにDは「今回のロールレタリングを書いたことで，冷静とまではいかないが，少し落ち着いた感じがする。これまで同じようなことがあれば，その場を必死でとりつくろってきた。自分が謝らなくてもいいのに，『ごめん』という言葉だけをくり返してきた」とふり返る。
　再びCoが〈今回初めて不満を書けたことをどう思いますか〉と尋ねると，Dは「言えたなあって感じ。楽になった感じはまだないが，言えるんだ！という気持ちになった」と語り，さらに「今まで，ストレスがたまってくると，

『器』いっぱいになる感じだった。それを外に吐き出すのではなく，また『別の器』を用意していた」と悩みを抱え込んでいたことに気づく。「まだまだ生き方は変わらないと思うが，いい意味で『仕方がないのかなあ』と自分を認めていきたい」と少し自己受容ができている。そして「いつ死んでもいいという考えは変わらないが，どこかで『認められたい自分』がある。『生きようとしている自分』がある。変な感じ。ちょっととまどっています」と自分自身の心の微妙な変化に困惑を隠さない。Coは〈こういう考えをもった自分でもいいんだと考えてみたらどうでしょうか〉とさらなる自己受容を促すと，Dは「『癖』をやめようと思った。古い生き方をやめようと思う。周りに気を遣いすぎるのはやめようと思う」と語る。

「『3人目の自分』がいると言ったが，『3人目の自分』は区切りがついたように感じる。ロールレタリングを書き始めた段階から区切りはついていたのかもしれない。『3人目の自分』は2人を見渡せる場所にいるので，2人の動きは全部わかっている。『3人目の自分』は『仲良くなったら，こっちにおいでよ。2人が和解できるために私がいるんだよ』と言っている。でも他の2人の自分は，それぞれお互いの存在に気づいていない。3人が一緒になればいい」とDは「3人の自分」が統合できることを望む。

【解説】第3信では，第2信後の面接で明らかになった「3人目の自分」を題材にしてロールレタリングを書くことになったが，文面は周囲への不満といった内容になっている。Dにとって素直な感情，なかでも不満感情を素直に外に出すことは初めてのことであり，このロールレタリングではさまざまな効果が得られている。第一にアルバイト先の女性への不満を明らかにすることによって怒りの感情を吐き出している。また，面接でアルバイト先の女性に向けていた感情は両親にこそ向けるべき感情（投影）であったことを洞察している点にも注目したい。そしてDは，対人場面で人に合わせるだけの自己の問題をあらためて明確にし，それが幼少期に関係があることにも気づいている。「冷静になれる。落ち着いた気持ちになれる」と語っているように，精神的な安定が得られたことはいうまでもない。さらに重要なことは，面接でDが「認められたい自分」を自覚したことである。「認められたい」という感情は「愛さ

れたい」という感情であり，Dが幼少期に得られなかった素直な愛情欲求を取り戻しているのである。

第4回　母親に対する素直な感情の表出

今回はロールレタリングを持参せずに来室。Dは「ロールレタリングは書けなかった。何を書けばいいかわからなくなった」と正直に語る。「『3人の自分』がいるが，他の2人は『疲れて，もう寝る』って感じ。（2人の自分を）これまで使い過ぎた。『起こそうとしたら，あともうちょっと……』みたいな感じ。他の2人が寝てるので，『今，起きている自分』がほっとかれてる感じ」と言う。〈今，どんな気持ちですか〉と尋ねると，少し考えてから「むなしい？……寂しい？……これも，ちょっと違うな」と言った後で，「普通の人に近づいている感じ。とりあえず落ち着いている。何かあると2人が起きてきてザワザワするのでしょうけど，今何か言われても，（2人は）通り抜けていく感じです」と答える。

ここで急に家族の話題に変わり，「実は最近，なぜだか母が父にかまうのがムカつくんです」と切り出す。「私が母に話しているのに，父が母に用事を言いつけて割り込んでくる。父のせいで母が疲れるのを見ていると，腹が立つ」と怒りを隠さない。そしてDは「買い物に行ったときなど，母と手をつなぎたくなる。自分のわがままが出ている。母にかまってほしい」と続ける。「しかし母は仕事で疲れているので，わがままは言えない」と語り，さらに「今になって小さなときの嫌なことを思い出す。小さいときは，嫌なことがあっても，自分のなかで処理していた。誰にも言わなかった。母と手をつないだこともなかった。授業参観に親が来てくれたことがなかった。それが当たり前だと思っていた」と一気に話す。

母親に対して，「母は他人という意識を持っていた。手をつなぐことは，母に迷惑をかけていることだと思っていた」と言う。そこでCoは〈素直な気持ちになったということではないかな〉と伝えると，驚いた様子でDは「あー，そうですね」と言う。さらにCoは〈お母さんも小さいときにDに何もしてやれなかった思いがあるかもしれないね〉と言うと，Dは高校時代に入院の話が出たとき，親が世間体を気にして入院を拒否したときのことを話す。以上の

話を聴いて Co は，D が母親に対して素直な甘え感情が出ていると同時に不満や怒りなどの思いを抱いていると考え，〈次回は【私から母親へ】のロールレタリングを書いてみてはどうですか。素直な思いを出してみてはどうですか〉と言うと，少し考えてから D は「やってみます」と応じる。

【解説】第3信で基本的な欲求が出たことで，第4回目の面接で，母親に対して素直な思いを出せるようになっている。「手をつなぎたくなる」と語っているのは，幼少期の頃に退行して母親へ愛情を求める D の素直な欲求である。しかしながら同時に，幼少期に満たされなかった部分への怒りや不満も面接では明らかになったため，次回のロールレタリングを【私から母親へ】の課題にした。D にとって，「解離的」な自分をつくり出すようになった原点となる問題に迫ってきたことになる。

第5回　第4信【私から母親へ】
母親に対するアンビバレントな感情の吐き出し

「母さん，昔は仲が悪かったね。母さん，昔は親子なんてもんじゃなかったよね。

　私が小学生のとき，学校に行きたくないって言ったら，すっごい嫌そうな顔してめんどくさそうだったね。そんなに私を育てるのがめんどくさかったのかな……。中学のとき，母親面接して，先生たちの前にいるあんたがすごくうざかった。父親なんていらない。あんたなんていらないって思った。高校のとき，私が病院に行き始めたとき，あんたも少なからず悩んだでしょう？　いい気味だと思ってた……。自分が私にしてきたことを思い知れって思ってた。

　なんで，年相応に育ててくれなかったんだろう……。同じ年の子が，母親と仲良くしてるのが不思議だった。母親に褒められるって何？　母親に甘えるってどういうこと？　でも，やっぱりあんたに褒められたりかまってもらうと変な感じになる。ムカつくけどうれしいけど不安な感じがぐるぐるぐるぐるうずまいてる。

　ねぇ，大きくなってアンタが忙しいことがわかったよ。アンタの気持ちはわかんないけど，今からでも母親と娘に戻れるかな。少しでも歩み寄れたらいいよね」

第5章 事例4:「解離的」症状——「3人の私」の統合過程

「お母さんってこんな感じかな」と切り出し,小学生の頃のことを話し出す。「小学生の頃,姉がよく学校を休んでいたこともあって,『学校に行くのがめんどくさい』と母に言ったことがある。すると『姉はいいけど,私は(休んでは)ダメだと言われた。そのとき母は私よりも姉の方が大事なんだ』と思った」と告げる。姉はとんとん拍子に進路を進めて,母と同じ看護の道を進んだという。

この後,これまでの家族関係をDはふり返る。中学のとき,父親だけでなく母親も仕事で家にいないことが多かった。姉は他県に出ており,兄もバイトばかりしていた。「家でずっと1人ぼっちだった」と語る。中学のとき友人関係でうまくいかないときに,父が「お前の味方だ」と言ってくれたが,そのときDは「(父親に)同情された感じだった。それも,うわべだけの同情。あわれみを感じた」と淡々と語る。さらに「高校のときに服装のことを友人に冷やかされたのをきっかけに学校生活がおかしくなり,病院通いを始めた。そのときから母の様子が変わった。私を見下さなくなった」と言い,「そのとき『私も苦しいんだから,自分(母)だって苦しめば』と思った」と語る。しかしながら一方で,「親に対して申し訳ない思いがある」と言い,「心のなかで親を責めることもあるが,しばらくすると,『あんなにいい人』『自分が悪いんじゃないかと自分を責める』」とアンビバレントな感情があることも素直に認める。

今回のロールレタリングが書けたことに対して,〈よく書けたね。お母さんへの思いを素直に書いたことは初めてではないですか〉と言うと,うなずきながらDは「これまで素直に言うということがどういうことなのかわからなかった」と言う。ロールレタリングを書いた感想として,「こういう気持ちを持っていたんだ。再認識した。自分に優しい生き方をしたい。いい意味で開き直れた。いろいろ(Coに)話せてよかった。器用じゃないけど,こういう生き方もいいんじゃないかなと思えるようになった。変わったなーと思う」と笑顔で語る。ロールレタリングで自分の思いを書き尽くしたと言うDに対してCoは,これまでをふり返る意味で,最後に【ロールレタリングの感想】を書くことを求める。

【解説】第4信の文面には,母親への不満感情の吐き出しから始まり,「ムカつ

くけどうれしい」といったアンビバレントな感情を表出し，最後は「今からでも母親と娘に戻れるかな。少しでも歩み寄れたらいいよね」と素直な甘えの気持ちが書けている。「甘え」感情の表出は人間にとって本質的な「愛されたい欲求」の表れであることから，こうした表現がロールレタリングでみられることは，Ｄの問題が本質的な解決に向かっていることを示唆している。面接で「素直に言うということがどういうことなのかわからなかった」と語っていることから，ロールレタリングで初めて本音を吐き出せたことによって，Ｄが自分自身の内面と向き合ったことが理解できる。結果として，Ｄは「自分に優しい生き方をしたい」「器用じゃないけど，こういう生き方もいいんじゃないかなと思えるようになった」と自己受容できるようになっていることは注目すべき変化である。

第6回　第5信【ロールレタリングの感想】自己理解と自己受容

「今回，ロールレタリングを自分自身に行い，多くのことに知らず知らずのうちに気づかされていたと思います。

　自分の考え方など今まで何度も考え，わかっていたつもりだったけど，私はこんなにも自分のことをわかっていなかったんだなと思いました。それに，ずっと言えなかったことも頑張って言って，先生に否定されなかったとき，本当に安心したし，少しだけ肩の緊張が抜けたような気がしました。自分の生き方や考えを変えるのは，それまで自分を支えてきたものを壊すことだと思います。それはすごく，勇気や体力がいることで，恐怖やとまどいがどうしても先に出てしまうけど，これからゆっくり自分の考えが変わって，離れていた自分たちが１つになって自分自身とも仲良くなっていけたらいいなと思います。もしかしたら，これからも，これまでと同じように生きて行くのかもしれないけど，そのときは，今までのように自分を否定するのではなく，少しずつ受け入れてあげようと思いました。

　ロールレタリングは，本当にたくさんのことを気づかせてくれたけど，反面ロールレタリングには辛い部分があって，途中書けないことがあったし，書いている最中，泣いてしまうときもありました。それでも，自身と向き合うにはとてもいい療法だと思いました」

第5章 事例4:「解離的」症状――「3人の私」の統合過程

「3人は普通に過ごしている。この前,1人を叩き起こすようなことがあったが,ワーっとはならなかった。『小さい自分』が『また同じことをやっている。自分で冷静に解決しなさい』と言っていた。短時間で冷静に戻れた。収束に向かっているように思う。3人が背中合わせになっていて,少しずつ背中からひっついていっているような気がする。これが自分なんだなあ」と解離的な問題が少しずつ解消していることを話す。〈自己受容できるようになったね〉と伝えると,素直に「はい」と答え,「変わっていけるかなあという感じです。変われない不安もあるが,変わらなくても生き方としてはそれでいいと思える」と笑顔で語る。

そして,「これまで悩んでいたことなんですが……」と切り出してDは,「バイトをやめるかどうかで悩んでいたが,なかなか決心がつかなかった。あいまいな感じで流されていた。何らかの形で強く出れそうな自分がある」と日常生活における意識の変化を報告する。

家庭のことに話題を向けると,Dは「母がかまってくれるようになった」と言い,具体的には「『ごはん,食べる? 何,食べる?』と聞いてきたり,服にアイロンをかけてくれたりしてくれる」と語る。しかしDとしては,そうした母親の行動を気恥ずかしく感じるらしく,「内心はうれしいけど,そっけなくしてしまう」と話す。「私が『かまってほしい』というメッセージを無意識に出しているのかもしれない」〈お母さんもうれしいのかもしれないよ〉と伝えると,「そうですかね……」とDは苦笑する。そして「こういうことをしてもらうことは,子どもには必要なんだなあ。私にも必要だったんだなあ」と続け,今母親から頭をなでてもらうことがうれしいと正直に告げる。

そして「今思うと,父も母も小さい頃に自分たち自身の親からかまってもらえなかったのではないかな」と自分の問題が世代間連鎖であったことを洞察する。「父の両親は離婚しており,母も子どもの頃きょうだいたちの世話を親の代わりにしなければならないうえ,厳格な家で育った。2人とも自分の子どもにどう接したらいいかわからなかったのではないかな。親を許してあげないといけない」と親が置かれていた立場への理解ができている。このことを称えて,Coは〈親の立場を思いやることもできている。とても成長しましたね〉と伝えると,Dは「私は大きくなるのが早すぎた」と言う。Coは〈今からでも遅

くない。素直に両親を受け入れられたらいいね〉と言うと，「はい」と笑顔で応じる。最後にDは「私はロールレタリングで大きく変わったと思います」と謝意を述べる。

【解説】最後の【ロールレタリングの感想】に，「ゆっくり自分の考えが変わって，離れていた自分たちが1つになって自分自身とも仲良くなっていけたらいいな」と書いているように，Dの主訴は改善されつつある。自分を素直に出すことを体験したことによって，「3人の自分」を使い分ける必要がなくなっているのである。また，「今までのように自分を否定するのではなく，少しずつ受け入れてあげようと思いました」とあるように，今まで自分を否定ばかりしてきたDが自己を受容できるようになっている。そして，最後にDが「書いている最中，泣いてしまうときもありました」と書いているように，ロールレタリングを書くなかでDは過去を再体験し涙を流せている。面接では，自分の問題が世代間連鎖，すなわち両親も実の親から愛されなかったことが理解できるようになり，その結果として自分の親を許せる気持ちも芽生えている。自己理解できたことによって他者理解もできるようになっているのである。

また，感想を読むと，「自分の生き方や考えを変えるのは，それまで自分を支えてきたものを壊すことだと思います」と書いているように，ロールレタリングに取り組むクライエントの心理がよくわかる。クライエントにとってロールレタリングで自分の内面と向き合うことは，それまでの自分自身を壊し，新しい自分をつくり直す作業なのである。だからこそ，「勇気や気力」といったエネルギーや「恐怖やとまどい」といった不安が生まれてくる。そうしたエネルギーを生み出したり不安になったりする気持ちを支えるためには，支援者の存在が必要になるのである。

以上，「3人の自分」の間でロールレタリングを交わした結果，Dは心の整理がつき，自己理解が進んでいった。最後に母親へのロールレタリングを書くことは，至極自然な流れであったといえる。すなわち，母親への「甘え」感情を取り戻すことはDにとって本質的な問題――満たされなかった愛情を埋め合わせようとする作業――になっていたのである。Dの主訴は完全に解消されたわけではないが，自己理解ができたことによって，ゆっくりとではあるが

両親との関係が修復され,それにともなって対人関係も良好になっていくものと考えられる。

第6章

事例5：アパシー青年の自己意識の変化

　大学に入学してから，やる気を失って無気力（アパシー）に陥る学生は多い。こうした問題は，中学・高等学校では不登校という形で表面化し，保護者が担任やスクールカウンセラーに相談したり担任を中心に学校側が積極的にかかわったりするが，大学においては，本人が自主的に学生相談室を訪れることはまれで，下宿などをしていると，保護者が長期間気づかないまま放置されるケースもある。本事例の男子学生は，大学には登校するものの，ほとんど講義に出席することなく，部活動である音楽以外に興味を示すことはなかった。しかしそんな今の自分の状態に満足しているわけではなく，心の奥底には大きな悩みを抱えていた。本事例のロールレタリングの特徴として，クライエントは，すぐに葛藤の対象者である母親に手紙を書くのではなく，書きやすいテーマを自ら選んでいる点が挙げられる。とくに書く対象に「音楽（ベース）」を選んでいることにも注目したい。

　クライエント：E（男子）　大学3年生　21歳
　主訴：「音楽以外，やる気がしない。自分の心のなかにある，いろいろなわだかまりを解消したい」
　家族構成：Eの家族構成は，義父，実母，弟（大学生）の4人である。幼児期にEの両親は離婚。2歳年上の実兄は父方に預けられ，Eをひきとって生活を始めた母親はすぐに再婚し，翌年新しい父親との間に男の子が産まれた。義父は粗暴な性格で，母親との間で喧嘩が絶えなかった。父親が暴力を振るう

と，母親は子どもたちを連れて，よく家を出たという。冷たい家庭に育ったEにとって祖父だけが愛情を注いでくれる存在だったが，その祖父もEが小学2年のときに亡くなった。そのとき初めて母親から，自分の父親が本当の父親ではないと告げられ，同時にEに実の兄がいることと弟が義父の子どもであることも知らされたのである。離婚の事実が明らかになるまで，Eは「なぜ父親が弟ばかりかわいがるのかわからなかった」と語った。両親のEに対する養育態度は「長男なんだから」「我慢しなさい」という接し方で，「自分は愛されなかった」という思いをEは強く抱いていた。

問題の背景：家庭にまったく安らぎを感じることができなかったEは，中学に入学する頃から次第に家をうとましく思うようになり，非行グループとの付き合いが増えるようになる。授業に出ず，仲間と集まって喫煙するといった行為が日常化していった。

中学3年になったとき，非行グループの中にギターを趣味にしている友人がいて，彼から音楽に対する強い影響を受ける。自分も音楽をやってみたいと思い，Eもギターを始めた。それ以後，不快なことがあるたびに音楽に「逃避」する生活が続き，人と話すよりも1人でギターを弾いている方が楽だと感じるようになる。Eが言うには，音楽に「依存」するような生活が始まるのである。

大学に入学してから，Eはますます音楽にのめり込むようになり，友人からとっつき難い印象を持たれる。「お前はネガティヴな考え方をする」「ストイック過ぎる」とよく言われたという。Eも「自分は人間嫌い」と語った。ただ，音楽（ベース）に対する周囲の評価は高く，ライブの仕事の依頼が来るようになるなど音楽活動に関しては順調であった。大学の部活動では軽音楽部に所属しており，演奏の技術が買われて部長を任されていた。内心では友人関係や下級生の指導にわずらわしさを感じながらも，頼まれると嫌と言えない性格で，それもEのストレスに拍車をかける要因となっていた。Eの心のなかには常に「自分はひねくれている」「自分は嫌なやつ」「自信がない」といった自尊感情の低さが強くうずまき，人間関係に疲れ果てていた。学年が上がるにつれて，「自分とはいったい何だろう」というばくぜんとした悩みに苦しむようになり，空しさを感じる日が多くなっていった。そんなときCoが大学内のカウンセラーであることを知り，Coの元を訪れた。

第2部　ロールレタリングの臨床事例

●ロールレタリングの過程

> **第1信【私からアルバイト先の店長へ】店長に対する不満感情の表出**
>
> 「毎日お世話になってます。僕が今，率直に考えてるのは，アルバイトのシフトのことで，もう少し休みがほしいです。僕はバンドをやっていて，練習やイベント等で多忙で，体を休める時間が正直ありません。シフトを変えることが無理ならせめて人数を増やして下さい。毎日の生活でアルバイトが一番のネックです。このままならば，バイト友だちともうまくいかず，バイトを辞めざるを得ません」

　面接で初めてロールレタリングを書いた感想を尋ねると，「不満を書いたことは初めてです。少しすっきりした」と語った。店長から頼まれる仕事を断れず，アルバイト先での人間関係に疲れ果てているEに対して，Coは〈今追いつめられている状況で，疲労感がいっぱい心のなかにつまっているのではないですか〉と伝え，不満や怒りを発散する必要があるかもしれないと助言した。Eが今後もロールレタリングを続けてみたいと言ったことから，〈このまま店長を対象に書き続けてもかまわないし，Eの好きなように書いてほしい〉と話した。これに対してEは，「自分にとって母親が大きな問題です」と語り，次回は母親に手紙を書いてみると言って面接を終えた。

【解説】初回面接で「心のなかにわだかまりがある」と訴えたEは，最初にアルバイト先の店長に対する不満を書くことで，Eが「不満を書いたことは初めてです。少しすっきりした」と語っているように，少しカタルシス効果を得ている。それがきっかけとなって，母親の問題と向き合う気持ちになっていった。Eのように，いきなり一番大きな葛藤を抱いている対象者にロールレタリングを書くのではなく，クライエント自らが書きやすい対象者を選ぶことによって，段階を踏んで自分の内面と向き合うように促す方法も有効である。

> **第2信【私から母親へ】母親に対する不満感情の芽生え**
>
> 「もう少し自分の非を認めて，たまには折れてください。わめきちらすだけで

我を通すことしか知らないんですか？」

　書いた感想を尋ねると，Ｅは「（母親に不満を）言っても仕方がないし……」と言葉少なに語った。Ｃｏは，Ｅが心のなかにある大きな葛藤を十分に表現できない苦しみを受け止めつつ，短文であっても今回のロールレタリングを書けたことをねぎらい，〈書きたくなったらこのまま書き続けていいし，自由にしてほしい〉と告げ，次回の面接の約束をして，この日の面接を終えた。

【解説】文面からは，短文ではあるが，母親に対して不満感情があることが理解できる。短い文章であっても，Ｅはいろいろなことを考えて悩み苦しんだ結果，やっとの思いでロールレタリングを書いたものとＣｏは推測し，Ｅの労をねぎらった。面接でＥの苦悩を受け止めることで信頼関係を深め，Ｅがさらに自分の内面と向き合えるように促したが，ロールレタリングを続けるかどうか（自分の内面と向き合えるかどうか）はＥの意思にゆだねることにした。

第３信【私から母親へ】母親に対する否定的感情の吐き出し

「あなたにはいろんな辛いことがありましたね。現在はもうあなたの好きなように過ごせていますか？　私が現在あなたに対して思うことは，私を早く大人にさせすぎたのではないかと考えます。幼い頃，そう小学校低学年の私にあなたは，今の父親は本当の父ではないと告げました。そう言われて，父親の，私に対する態度と弟に対する態度の違いを理解しました。以前から父親は私に辛くあたって，弟をねこ可愛がりでした。でも，私は，あなたにそう言われるまで仕方ない，長兄だからと感じてました。でも，あなたにそう告げられてから，私は人の汚なさを目の当たりにし，悲しみにくれました。その上，あなたは，私に兄がいるとも告げました。私は，あの時あの場所で気持ちをどう整理すればよかったのですか？　地域に住む人たちの態度や視線にも大人の嫌らしさを感じたのもその頃です。私に強く生きろと望んでいたのですか？　もう少し甘えさせてくれてもよかったじゃないですか。あなたと父のケンカは常軌を逸しており，あなたはいつも私だけ連れてどこかへ行きましたね。そんな弱いあなた。恐すぎる父。その間で私はどうすればよかったのですか？　あの頃の私にあなたを守る力などないのに，

あなたは私を頼りましたね。私は，そのとき泣くことを止めようと決めました。そして，それから私は父親に対して言いたいことも言わず，あなたにも何も逆らわず過ごしました。ちょっとした甘えた子どもじみた汚い言葉にもあなたは過敏に反応し，私を抑えつけました。あなたはあなたで，自己中心的な人間。私は現在でもあなたの返事に嫌気が差します。もう少し人に優しくできないのですか？　自分に優しすぎるあなたはあなた自身の錆に気づいていません。あなた自身，人に優しくできないとあなたを好きになる人なんて誰もいなくなりますよ。あなたに一番助けてほしかったのにあなたはいつもしかめっ面で私はもう何もあなたに言えませんでした。中学の頃，親しい友人に私の過去について皆で笑われ，私は，憎しみのあまり憤りを越え，笑いしか出なかったときにもあなたには一言も言えなかったのです。小さな田舎町での毎日の苦悩もそろそろ終わりそうです。早くあなたの元から離れたいです。あなただけに限らず，私の過ごした小さな田舎を離れ，誰にも会わず，違う自分をつくりたいです」

　面接でロールレタリングを書いた感想を尋ねると，少し考えてからEは，「達成感があった。『やってやった』という気持ち。満足感がある。すっきりした」とゆっくりとした口調で語った。ロールレタリングに書いた内容について，「いつも言えないことだった。まとめて書くことは初めてだった」と話した。Coが〈前回の『母へのロールレタリング』はあまり書けなかったのに，今回思い切って書けたのはなぜですか〉と尋ねると，「『やはり今，自分の気持ちを整理したい』という思いが強かったから」ときっぱりと語った。

　その後，CoはEとロールレタリングに書いた内容について話し合った。Eは「小さい頃に大人の世界を見すぎた」と語り，「金銭をめぐる大人のトラブルに何度もまきこまれたことがある」と言った。また，「5歳くらいまでの記憶はない」と語った後，祖父のこと，非行グループと付き合っていた中学時代のこと，さらにはギターとの出会いから現在に至るまでの出来事を一気に語った。

　さらに，Eは今回のロールレタリングを書いて感じたこととして，「長年やってきた音楽に対する考えが変わった」と告げた。Eは，「大学に入学する頃から，自分にとって音楽をすることは，人を楽しませるためのものではなく，

自分の嫌な面を吐き出す道具であることに気づいていた。しかし，気づかないフリをして，自分をだましていた」と正直に語った。そして，「だからといって他に解決方法がなく，そのまま音楽に『依存』するしか仕方がなかった」とEはふり返った。母親へのロールレタリングを書くことによってEは，母親に対する不満を一気に吐き出してすっきりした気分になった。しかしその反面，「音楽は自分にとって本当に必要なのか」と疑問をもち，「音楽の必要性」について真剣に「悩める」ようになったのである。それは，Eにとってアイデンティティが根底から崩れるほどの問題であり，「このことを考えると，虚脱感さえ覚える」と語った。CoはEの気持ちを受け止めたうえで，〈音楽のことで悩み始めたのは，自分自身の問題と向き合い始めたからではないだろうか〉と伝えると，Eも素直にうなずいた。

　まだまだ書きたいことがあると語ったEは，次回のロールレタリングの課題として，「自分の人間嫌いについて書きたい」と自ら希望を述べた。具体的に何を書きたいのかCoにはわからなかったが，CoはEの書きたい気持ちに添いたいと考え，Eの提案を了承した。

【解説】第3信では，これまで言えなかった母親への不満や怒りを一気に吐き出している。面接で語っているように，Eは今回のロールレタリングを書くことで大きな達成感とカタルシス効果を得ている。「『自分の気持ちを整理したい』という思い」を強く持てたのは，第2信で少し不満が書けたことがきっかけであるが，何より面接でCoとの信頼関係が深まったことで自分の問題と向き合う勇気が生まれたと考えられる。カタルシス効果を得たことで，Eは音楽に依存していた自分自身の内面の問題にも気づいている。Eにとって，音楽は，自分の日々の苦しみを解消するためには必要なものだったのである。こうした気づきを得たことで，Eは「自分の人間嫌いについて書きたい」と語っているように，自らロールレタリングの課題を選んでいる。ロールレタリングを書きたいという意欲，すなわち自己表現力が向上しているのである。

第4信【私から中学時代の友人へ】友人に対する否定的感情の吐き出し
　「君は気づいていないかもしれないけど，君は僕の信頼を壊したね。出生のこ

となんて噂にしてそんなに楽しい？　僕は君を心の底から信じてたよ。でも君は安い友情としか思ってなかったんだね。今住んでる家に来て初めての友だちで，僕は君に依存するほど親しく思ってた。不安なときも君にすべて話した後，僕は楽になれた。もう今は君に対して何の感情もないよ。同じ中学を共に過ごした仲の良い友だちも今じゃもう敵としか思えない。でも君に教えてもらったよ。嘘をつくこと，裏切ること，愛想笑い」

第5信【私から昔別れた彼女へ】昔の彼女に対する後悔

「あれから何年経つかな。君にはひどいことしたね。君は僕の暗い顔を明るく染めてくれて，何よりも絶大な信頼と安心感を僕にくれた。君が遠く離れた場所で頑張ってた姿がとても好きだった。そしていつも君がこっちに戻ってくる度に君はうれし泣きしてた。そんな君がこっちに就職先を変えて戻ってきたとき僕は君を裏切った。言い知れない苦痛が僕を襲って，それからその苦痛は続いたまま。君から連絡が来る度辛い。すべて無視して君を忘れようとしてる。君を思うと痛い。もう僕に構わないで。こんな僕は君と話す資格ないから」

第6信【私からベースへ】ベースに依存する思い

「いつも僕は君に頼りっぱなしだね。多分僕は君になりたいんだ。君みたいに歌いたいんだ。地を揺らす低音と，キレイな和音を持ってる君になりたいんだ。正直な君になりたいんだ」

Eにとって「自分の人間嫌い」とは，他者と自己に向けられた感情であった。すなわち，他者への感情とは，「中学時代に出生の事実を公言した友人への怒りの感情」であり，自己への感情とは，友人に裏切られて辛い思いをしたにもかかわらず，「裏切る立場になってしまったことによって抱く罪悪感」と，その罪悪感にともなって内面からわきあがってくる「自分自身に対する嫌悪感」の二つであった。面接でEは「『自分が人にされたことを相手にしているなあ』ということに気づいた。自分を守りたいから，別れた彼女にひどいことを

してしまったのだろう」と語った。

　この2人へのロールレタリングを書いた後，Eは「心のなかに自然と浮かんできたのは『音楽に対する感情』だったので，【私からベースへ】のロールレタリングを書きたくなった」と語った。音楽に対する考えの変化について，Eは，今も音楽（ベース）が「自分の支えであり，根本です」と答えながらも，「私からベースへ」のロールレタリングを書くことで，「音楽を少し客観的に考えられるようになった」と話した。しかしその結果，「自分の足元が揺らぐような感覚があった」と告げた。すなわちEは，ベースが奏でる純粋な音と矛盾だらけの自分との間に大きなギャップを心の底から実感したのである。音楽に「依存」し，ベースを単なる道具として扱っていた自分自身と向き合うことは，Eにとって，みたくない現実だった。Coは，不安定になっているEの気持ちを受容しつつ，〈さらに音楽に対する気持ちを整理するために，次回は【ベースから私へ】の形でロールレタリングを書いてみてはどうですか〉と話したところ，Eも「僕もそう思っていました。ぜひ書いてみたい」とCoの提案に同意した。

　最後に，第6信までロールレタリングを書いてきた感想を尋ねてみると，Eは「ロールレタリングを始めてから，悩むことが少なくなった」と答え，さらに「言葉に出して，紙面に書くだけで癒される」とも語った。Eの表情が明るくなってきたのは感じていたが，この頃CoはEの友人からも「Eは明るくなった。『ロールレタリングを書くと，すごく癒される』とE自身が言っています」と聞かされていた。

【解説】自分の内面を吐き出す意欲が生まれたEは，一気に3信ものロールレタリングを書いてきた。「吐き出し」による快感を覚えたクライエントにはよくあることである。母親への否定的感情を思いのたけ吐き出した後，Eの心には，中学時代に裏切られた友人のこと，さらには逆に自分が裏切った恋人のことを整理したい気持ちが明確になったのである。とくに別れた恋人に対するロールレタリングを書き，自己嫌悪の理由を明らかにしたことで，自己防衛の気持ちが自分自身にあったことを自覚したのは，Eにとって予想もしない気づきであった。そして，2人へのロールレタリングを書き上げた後に残ったものは，

音楽に対する疑問であった。すなわち，これまで自分の寂しさ，怒りや不満などの感情がわきあがるたびに，音楽に逃げ込むしかなかった（逆の見方をすれば，音楽で苦しみを解消していた）自己の問題と向き合えたのである。第6信までを書いた感想からは，Eの性格が明るくなっていることが理解できる。実際，面接当初のEと比べて，想像もできないくらいの前向きさが見受けられた。

> **第7信【ベースから私へ】ベースからEへの願い**
> 「いつも僕を頼ってる弱い君へ。君はとても繊細で，それでいて内面に秘めた強さと優しさ，そして狂気をもってるね。ライブのとき，君の優しさも狂気も脆さも君の指先から伝わるんだ。君は毎日僕を奏でる。僕は君のために精一杯鳴る。少しでも君に優しさをあげたい。安らぎを与えたいから。君に会えて僕はうれしいよ。いろんな音を教えてくれて，知らない土地へ僕を連れてってくれる。僕は君に手の温もりを教えてもらった。無機質な光しか放てない僕に暖かく柔らかい光を放てるようにしてくれた。僕に命をくれたんだ。君が僕を生かして，僕が君を生かしてる。でも，最近，君は少し僕に対して違う気持ちを抱いてる気がする。今まで君が本能的に僕に頼ってきたことが，もう現在は義務感でしかないように感じるよ。お願い，僕を捨てないで。ねえ，お願い。何があったか知らないけど，僕は君を捨てたりしない。だから，君も今までのように僕を奏でて」

今回のロールレタリングを書くことで，Eは「自分が音楽に依存してきた気持ちを明確にもった」と語った。そして音楽に対する不安感を書くことで，「音楽活動を見直せるようになった。自分の楽器と対等に向き合うことができた」と話した。Coは〈よく自分の気持ちが書けましたね〉とねぎらうとともに，Eの音楽に対する気持ちの変化を称えた。最後にEは「もう一度『私からベースへ』という形でロールレタリングを書いてみたい」と言った。

【解説】面接でEが語っているように，音楽活動に依存していた自分自身を受け入れるようになっていることが理解できる。最後の課題で，E自身が「私からベースへ」を選んでいるように，自らロールレタリングで心の整理をしたい

第6章 事例5：アパシー青年の自己意識の変化

意欲が生まれている。自主的にロールレタリングを書くようになってくると，Coはクライエントを見守るだけの存在で十分である。

> **第8信【私からベースへ】ベースとの和解**
> 　「君にはいつも甘えてしまうね。こんなんじゃ駄目だってわかってる。君のことが好きなのは，僕を裏切ったりしないから。僕の感情のままを音の粒一つひとつに変えて表してくれるから。僕が紡ぐ音，編み込む魂，すべて君は正直にこの掃き溜めのなかに響かせる。
> 　君と初めて会ったとき，僕は震えたよ。歓喜で泣き出した。君は僕の唯一無二の存在だって感じた。僕はそして君をうとましく，羨ましくも感じたんだ。君は奏者の指の通りに動けばいい。命はそのとき君に注がれて，奏者と心が触れ合う。なんて幸せなんだろうって。君は人と違って綺麗な心しかもってないもんね。奏でる美しさ，純粋な攻撃性，存在の必要性をもって生まれてる。君になりたい。そう思った。いろんな音，曲，音階，それぞれを君に与えて，僕も同時に君から悦びを教えてもらったよ。綺麗な君。僕といつも一緒にいてくれたね。最近ね，僕はやっと１人で何かできそうなんだ。君と一緒じゃなくても何かできる気がするんだ。今まで通り，君を奏でるよ。でも，君と一体になることは減るかもしれないな。奏でるとき以外は。もう君と一体じゃなくてもいいんだ。ごめん。君を裏切ったのかな，僕は。また悲哀を与えちゃったのかな。君が僕を支えてくれた日々はもう終わりそうだよ。今度からは僕らしさを探すことにする。いつも僕のために鳴れって思いながら弾いてたけど，これからは君のために君が歌っていいんだよ。僕は君の歌を笑顔で聴くから。でも，いつも一緒だよ。今までと違う僕をよろしくね。君をもう羨んだりしない，対等な僕を」

　面接でEは「音楽が習慣化された，義務的なものと感じ始めてはいたが，日常と音楽が別なものであると再認識することができた。音楽とは自然な距離をおいて取り組めそうな気がします」と言い，さらにロールレタリング全体をふり返って「冷静な立場に立って，自分をみつめることができた」と語った。ここでもCoはEの自己解決力を称えたのはいうまでもない。
　日常生活でEは，以前の仕事を辞めて，新しいアルバイトを始めた。友人

に対しても「飾らない，ありのままの自分を出せるようになった」と語った。Eが元気に日常生活を送れていることを考え，Coは，Eの希望もあって「しばらく今の状態で頑張っていきたい」というEの言葉を喜び，〈また，いつでも相談に来てほしい〉と伝えて面接を終了することにした。元気に挨拶をして退室したときのEの表情の明るさが何より印象に残った。

【解説】音楽に対して「依存」するような病的な「しがみつき」はなくなり，Eにとってベースは，適度な距離をおいて付き合えるものと変わっている。その結果，Eは音楽以外のものにも目を向けられるようになり，アルバイトを始めるようにもなった。何より，面接でEが「飾らない，ありのままの自分を出せるようになった」と語っているところに，Eが素直さを取り戻していることが理解できる。本事例は，最初は「アルバイト先の店長」から書き始め，段階を踏んで母親への葛藤を処理し，吐き出すことの快感を得た後，Eが書く課題を自ら選んで自主的にロールレタリングに取り組むようになって終結している。最初にロールレタリングに対する抵抗があっても，カウンセラーが面接でクライエントの苦悩を受け止め信頼関係を深めることによって，クライエントがロールレタリングを書くことへの意欲を自ら高めていけるのである。

第7章

事例6：対人不安が解消し自己肯定感が向上した心理面接

　第1章の第1節で述べたように，今の子どもや若者たちは，他者の目を気にして自分の気持ちを抑えている者が多い。「自分の言ったことが，どう思われているのか」「相手を傷つけてしまったのではないだろうか」といったことを過剰に意識している。その結果，友人関係に不安を抱いてしまうことになる。「ありのままの自分」を表現できなくて1人で悩みをため込んでしまい，自分に対して自信をもてなくなる。明るく振る舞っていても内心では自己肯定感がもてずに悩んでいる子どもや若者たちが多いのである。程度の差はあるが，対人不安は誰もがもつ悩みである。本事例の女子学生も，周囲からみると元気で明るい学生であったが，心のなかでは密かに友人関係に悩み，自信のなさに苦しんでいた。

　クライエント：F（女子）　大学3年生　21歳
　主訴：「人目を気にする自分がいる。人によく見られようと頑張り過ぎて疲れてしまう。自分を変えたい」
　家族構成：祖母とFの2人家族。父親は，Fが幼少の頃他界。以後Fは母親と祖母（母親の実母）と暮らす。Fが大学生になったときに母親は再婚する。Fは，母親と新しい父親との同居ではなく，祖母の下で生活することを選ぶ。なお，Fは4歳からバレエを習っている。
　問題の背景：高校までFは人目を気にする性格で，自分をよく見せようと無理をして，疲れてしまうことが多かった。だからといって，本音を出すこと

には抵抗があり，親しい友人もつくれなかった。母親の再婚に対してFは内心複雑な思いを抱いていたものの，それを口に出して言うことはできなかった。大学入学後は環境が変わったこともあって，何でも話せる友人ができ，少しずつ性格も明るくなった。それでも依然として他者の目が気になる自分の内面の問題に悩み，Coの元を訪れたのである。

●ロールレタリングの過程

第1信【私からおばあちゃんへ】
祖母への感謝の気持ちとさまざまな素直な思い

「私はおばあちゃんがとっても大事で大好きだよ。今，私がこうして生きているのはおばあちゃんがいるからだと思っています。毎日，朝早く起きて，ごはんを作ってくれてなかなか起きない私を何回も起こしてくれて，あと洗濯も掃除もしてくれて本当に感謝しています。私はおばあちゃんには迷惑ばっかりかけてて，バレエにかかるお金とか全部出してもらってて……本当に感謝しています。ママがいないから，2人で過ごすことが多い分，私はおばあちゃんがいないと生きていけません。正直，とても依存してると思う。おばあちゃんがいたから，母子家庭だったけど，何の不自由もなく生きてこれたし，ママがアパートに行ってからも全然寂しくなかったし，逆に2人の方がいいと思ったよ。(中略)私が最近一番気がかりなのは，おばあちゃんもいつかは死ぬってこと。2月にNさん(バレエ教室の先輩)が急に亡くなってから，おばあちゃんもいつかは死ぬんだなあって思うようになったら，考えるだけで涙が出るよ。おばあちゃんがいない生活なんてありえないもん。私はおばあちゃんがいない生活がくるのが今，一番恐い。想像するだけで立っていられない。だから，私はおばあちゃんよりも先に死にたい。おばあちゃんの死を受け入れることに比べたら，その方が楽。そう思うから，やっぱり私はおばあちゃんに異常なくらい依存してるんだと思う。おばあちゃんは病院が嫌いだから，体調が悪かったり，どっか痛くても絶対自分で治そうとするよね。私は自分が学校とかバレエとかバイトで代わりに何もしてあげられないから，病院に行ってってすぐ言うんだけど，おばあちゃんはそれよりも何か手伝ったりしてほしいのにできなくてごめんね。本当はしないんじゃなくてどうい

> 風にすればいいかわからないんだ。いつも何でもおばあちゃんが先にやっちゃうから，私は何にもできないんだ。21歳にもなって恥ずかしいんだけど。これからは，手伝いもしていくし，言い方とかにもなるべく気をつけます。おばあちゃんも決めつけて物を言ったりしないで下さい。言葉で言うのは本当に簡単でとても薄っぺらな感じがするけど，本当に感謝してるよ。大好きだよ。これからも2人で仲良く暮らそうね。まだまだ書き残したことはいっぱいあるから少しずつ書いていくね」

　ロールレタリングを Co に手渡す前に，F は「キツかった」と感想を述べ，「最初はすぐに書けると思っていたが，途中で書くのは無理ではないか。『やっぱり書けない』と Co に言いに行こうかと悩んだ」と本音をもらす。

　ロールレタリングを一読してから，Co が〈おばあちゃんに対する感謝の気持ちが伝わってくるね〉と伝えると，F は「普段，感謝している思いがどうしても言えない。おばあちゃんがいてくれることが当たり前になっている」とあふれる涙を抑えられない。「ロールレタリングを書くことに決めてから，今週はずっとロールレタリングのことが頭にあった。今日の朝，祖母とささいなことで言い争いになったが，今までとは違って初めて素直に謝ることができた」と語る。「おばあちゃんには感謝の気持ちでいっぱい。でも母親に対しては文句がある」と言って再び涙を流す。

　F は「いろいろなことを外に出していいのかな，とずっと思っていた。今日，やっと出せた。すっきりした」と語る。〈よく書けたね。そして今日もここでよく話せたね。ロールレタリングを書くことで，これからどんどん変わっていくよ〉と伝えると，F の表情に笑顔が浮かぶ。

【解説】これまでの事例と違って，本事例の F は，第1信で，ネガティヴな感情ではなく，「感謝」という肯定的感情を書いている。ロールレタリングでは，必ずしもネガティヴな感情だけでなく，肯定的感情を書く場合もある。F にとって言えなかった本音は，「おばあちゃんが大好き」という言葉だったのである。「好き」という言葉は，言えそうで言えない言葉の一つである。「好き」という言葉だけでなく，私たちは「ありがとう」とか「うれしい」といった言葉

が普通に言えなくなると,相手がうれしいことや優しいことをしてくれても,「してくれて当たり前」という思いをもってしまう。そうすると,相手がしてくれたことに対して鈍感になり,良い人間関係を築けなくなる。Fが「当たり前の言葉」を出せずに悩んでいたことを考えると,幼少期から親や祖母との関係で,本音を言い合えるどころか抑圧した環境のなかでFが育ってきたことが容易に想像できる。しかしロールレタリングで初めて「感謝」という本音を言語化できたことで,早くもFは祖母に対して素直な行動がとれている。同時に,母親に対する不満感情があることも明確になっている。

第2信【私からNへ】急逝したバレエの先輩(女性 40代後半)への惜別

「Nさんにはまだまだ話したいことや聞きたいことがたくさんありました。肝臓ガン,しかも末期であると母から聞いたときは,驚きのあまり信じられず,Nさんと病気が結び付かないまま,Nさんは旅立ってしまいました。3月に東京でお会いしたときはとても元気で,Nさんがレッスンで見学に来てくれたときは落ち着きました。Nさんとメールでよくバレエの話をしましたね。いつも厳しい意見に刺激され,参考にしていました。この1・2年は一緒にレッスンすることがなく,舞台でしか踊るNさんを見ることができず寂しかったです。NさんがスタジオをƯ建てたときにレッスンに行けばよかったなと今になって思います。Nさんが私にレッスンに来てほしいとずっと母に言っていたことはとてもうれしかったです。Oちゃん(Nの子ども)のお手本になってほしいと言っていただいたときは認めていただけたんだと思うと同時に,レッスンに行けないことがとてももどかしく,いつか行こういつか行こうと,いつも心にひっかかっていました。Oちゃんに教えたいことはたくさんあります。それを実現するとき,Nさんがいないと思うと何とも言えない気持ちになります。Nさんに伝えられなかったこと,話せなかったことはOちゃんにこれから話していこうと思います。(中略)これから天国からNさんが見てると思うと,背筋がのびる思いがします。Oちゃんのことは妹のように支えるので安心して下さい。ではご冥福をお祈りしています」

「もう少しおばあちゃんのことを書こうと思ったが,先週の火曜日に一緒に

バレエを習っていたNさんが亡くなったので，その人に書きたくなった」と言う。ロールレタリングを書いた感想として，Fは「言いたいことは，（言いたいと）思ったときに言わないといけない」と涙を流しながらNとのさまざまな思い出を語る。さらに「ロールレタリングを書きながら，Nさんが亡くなったのは，私にとって何かメッセージがあったのだと思った」〈どういうメッセージ？〉「『これからもバレエをちゃんとやりなさい』ということだと思う」と話す。Nの娘であるOについて，「Oちゃんの助けになりたい。お葬式のときに，泣くのではなく，笑顔を振りまいていたことが心配。『自分の気持ちを出してもいいんだよ』と言ってやりたい」と言う。

　さらにFは「実は今ひいおばあちゃんが危険な状態にある。辛いことが続きそうだけど，いろいろなことを『考え直せる機会』と考えられるようになった」と言う。Coは〈すごい変化だよ〉と伝える。Fは「今年の最初はこんな風ではなかった」〈なぜそれほど変わることができたのですか〉と問うと，まずバレエの仲間たちからの助けを挙げたうえで，「Coに出会い，そしてロールレタリングに出会えたことで，気持ちを吐き出すことのすばらしさを知ったから」と答える。Fの言葉に対してCoは〈ありがとう〉と言葉を添える。

　最後に，最近のこととして，祖母のことを報告する。「これまで褒めることのなかった祖母が『バレエ，頑張ってね』と言ってくれた。おばあちゃんが変わった」〈あなたが素直になったからではないかな〉と言うと，少し考えてからFは「そうですね」と笑顔で語る。

【解説】第2信は急逝したバレエの先輩にあてたロールレタリングである。文面には，過去のNとの思い出をありありとふり返りながら，FがNの子どもを支えていく思いを表明している。面接で語っているように，Fにとって辛いはずのNの死を，否定的に捉えるのではなく，Fが「バレエを続けていくこと」というメッセージであったと受け止め方が変わっている。ロールレタリングを書くことによって，FはNの死を受容するとともに，考え方が前向きになっている。死に関連して，危険な状態にある曾祖母のことが話題に出るが，「考え直せる機会」と語っているように，辛い状況を肯定的に捉える見方ができている。最後に，祖母との関係が変わったことを話すFに対して，CoはF

が変化したから祖母も変わったと返している。他者との関係がよくなったことはF自身の変化がもたらしたことであるとフィードバックすることは重要である。

> **第3信【私から曾祖母へ】曾祖母に対する思い出と励まし**
>
> 「こうやって手紙を書くのは初めてだね。私のなかのひいおばあちゃんの思い出は私が小さい頃にお正月になるとひいおばあちゃんの家に行って、そのときに大鍋で煮物を作ってる姿を覚えています。もうあれから10年以上経ってるんだね。4・5年前におばちゃんたちとうちに来てくれたとき、もっといっぱい話しとけばよかったなあって思います。ひいおばあちゃんは1人で畑やって、昔のままの家に住んで、私は遊びに行く度に、懐かしい気持ちになれるから好きだったよ。あと、私が小学生の頃はお正月になると、ひいおばあちゃん家に何泊かしたあとは一緒にホテルに泊まりに行ったね。あんまり覚えてないけど、その頃のアルバム見ると、ひいおばあちゃんも写ってて、ほんと元気だったなあって思うよ。おばちゃんから、ひいおばあちゃんの具合が悪いって初めて聞いたときに、すぐお見舞に行ければ、少しくらいは話せたのにね。今年の5月と9月にお見舞に行ったときは私たちが一方的に話してたもんね……。（中略）本当はそんなことあってはほしくないし、考えたらダメなんだけど、万一ひいおばあちゃんに何かあったら、私がひいおばあちゃんの分まで元気よく生きていきます。おばあちゃんのことも大事にするから、心配いらないよ。ひいおばあちゃんは納得いくまで生きて、肺炎と闘ってね。P県からパワーを送ってるからね」

「今回のロールレタリングを書きながら考えたことは、（曾祖母が死を迎えていることは）何か『たくされているもの』があるということ」〈どういうこと？〉「このことで悲しむのではなく、明るく元気に生きようと思った。これから自分が元気であることを忘れずに生きていこうと思った」と言って、Fは涙を流す。「私たちが今できることは、ひいおばあちゃんに語りかけることです」「今まで素直な会話ができなかった母に、『（曾祖母に）会いに行ったら？』と素直に言えた」と語る。ここでもCoはFの行動の変化を喜ぶ。

さらに、Fは「いろいろな面で自分が変わった」と語り、今のアルバイト先

での出来事として，「お金を投げて渡す人がいる。前は腹が立つだけだったが，今はそんなことをする人のことをかわいそうに思う」「昔は自分が中心だった。今は相手の立場に立てるようになった」と話す。さらに自分自身の変化について，「前は何をやっても，途中であきらめてしまっていた。今は失敗をしても笑い飛ばすことができる。そう思うと，自分の道は自分で切り開けると思えるようになった。ロールレタリングを書くようになってから気持ちが安定し始めた」としっかりとした表情で語る。

母親に対して「前は『文句を言いたい』という思いがあったが，今は感謝の言葉を言いたい。実際この前，母に素直に『ありがとう』とも言えた」「自分が変わってきたから，周りも変わってきたように思う」と語る。最後に「自分の感情をスムーズに出せるようになってから，自分が『ステップアップ』しているように思う。このロールレタリングの時間を大切にしている。今後も続けたい」と言う。こうしたFの変化をCoは喜び，励ましの言葉を贈る。

【解説】第3信は，死を迎えつつある曾祖母との過去の思い出をつづりながらも病気と闘ってほしい願いが込められた文面となっている。ここでも第2信と同様，面接でFは，これから来るであろう曾祖母の死を肯定的に受け止めて生きていこうと決意している。こうした決意は，Fの「素直さ」をさらに強めるとともに「他者理解」を生んでいる。素直さは母親に対する感謝の気持ちを告げたことであり，他者理解はアルバイト先での客の態度に対する見方の変化である。こうした自分の変化をF自身も実感しており，自分自身に対する自信さえ芽生えている。

第4信【私からQちゃんへ】出産を控えた親友に対する感謝の思い

「こうやって手紙を書くのはQちゃんの誕生日のとき以来だね。本当にQちゃんとの出会いは私にとって宝物だよ。いつもツラいときには隣にいてくれて，一緒に泣いてくれたね。ありがとう。後期が始まってからはなかなか会えなくなって距離は遠くなったけど，今も私はQちゃんの隣にいるし，Qちゃんはいつも私の隣にいるよ。4月にQちゃんから赤ちゃんができたって聞いたときはびっくりしたけど，なぜかすぐ納得しちゃったよ。たぶんQちゃんのなかには

『産む』って答えしかないって伝わってきたからかな。私はまだ子どもを産むって全然考えたこともないからわかんないけど，実際はすごくうれしいことなんだろうなあってQちゃんの話を聞いてて思うよ。21歳でママになるのに迷いとか不安もあっただろうけど，Qちゃんからはもう『ママになります』ってオーラが出てたよ。最近，私の周りでは悲しいことばっかりで，人の死について考えることが多かったんだけど，Qちゃんの赤ちゃんのことを考えると，人の生死って本当にすごいことだなって思う。

　絶対にQちゃんが今，大学を休学してまで産むことに決めたのには意味があるはずだよ。人生にムダなことなんて1つもないもん。大事なのは自分の人生にどれだけ本気になれるかだと思うの。だからQちゃんの選択は正解だったと思うよ。(中略) 私はQちゃんに出会えて，自分の楽しいこと，うれしいことだけじゃなくて，ツラいことやキツいことも話せる友だちが隣にいることの心強さを知ったし，私が変われたのは，RちゃんやSちゃん (他の友人たち) がいたからだと思うよ。本当にありがとう。もうすぐ，赤ちゃんとの対面だね。私も妹ができるみたいでドキドキしてるよ。赤ちゃんが産まれたら，きっとQちゃんがますます輝くんだろうな。私もQちゃんみたいに自分で自分の道を決めて，進んでいきたい。Qちゃん，本当にありがとう。そして，これからもずっとずっと親友でいてね。2人ともおばあちゃんになるまでよろしくお願いします」

　面接の最初にFから，数日前に曾祖母が他界したことが告げられる。今回ロールレタリングの対象に親友を取り上げたことについて，Fは「身近な人が亡くなったことは辛いが，人が生まれることもすごいと思った。だから，出産を控えた親友にロールレタリングを書きたくなった」と語る。Qのことを，「型にはまらない生き方をしていることがすごい。これからも影響を受ける人」と言い，「親友に対して，素直に感謝の気持ちを出せたことがうれしい」と続ける。

　最近の出来事として，「アルバイト先の男性から『(Fの第一印象は) チャラチャラしていると思った』と言われた」と語る。それに対してFは腹を立てるのではなく，「人が他人を理解するためには，言葉でちゃんと自分の考えを伝えないと相手には伝わらないことに気づいた」と言う。「これまでは，人に

いいところを見せようと懸命だった。自分の本心が言えず、今までひとりぼっちで寂しかった。ロールレタリングを始めて、『私は私でいいんだ』『自分に自信をもっていいんだ』と思えるようになった」と話す。さらに、「強がっていた頃の自分も、今の自分になるためには必要だったんだと思う」と言い、「これからの自分を大切にしていきたい」とも語る。Fの変化に対して、Coは〈すごい気づきだよ〉と称え、〈Fさんは大きく変わったと思う。次回は、【今の私から昔の私へ】のロールレタリングを書いて、過去の自分をふり返ってみてはどうですか〉と初めてロールレタリングの書き方を提案する。Fもこれを了承する。

【解説】第4信は、学生時代に結婚し出産した親友Qへの手紙である。第2信と第3信で「死」を意識した対象者を選んでロールレタリングを書いたことと一転して、第4信では「生」の素晴らしさを強く意識している。また、親友が出産という道を選んだことを自分に置き換えて「自分の道を決めて、進んでいきたい」と自己の目標を明確にしている。ロールレタリングで「死」をみつめたことによって、Fは「生」の大切さを強く実感したのである。また、これまで自分をよく見せようと無理していた自分自身の行動パターンに気づき、「ありのままの自分でいい」という意識が生まれている点にも注目したい。Fの心のなかの葛藤がなくなり、自然体で生きることの快適さを実感していると考えられる。Fが大きく変化していることをF自身にも自覚してもらう目的で、Coは第5信の課題を提示した。

第5信【今の私から昔の私へ】
過去の自分を受容し、「リサイクル」していくF

「今、私は自分がどんどん変わってる気がします。それはとてもプラスな方向で、あなたからは想像もつかないような私です。今の私からあなたに言いたいことは、一言『よく頑張ったね』だよ。本当にいろいろなことにがむしゃらに頑張ってきたよね。きっと強がることで自分を守ってたんだよ。そんなあなたがいたから今の私がいるんじゃないかな。この世に予定より2ヶ月早く産まれてきて、家族はママとおばあちゃんで、女ばっかりのなかでも楽しく元気に過ごしてきた

と思う。ママが再婚するときも，ママの幸せを優先してあげたこと，間違いじゃなかったよ。ママが黙って婚姻届を出しちゃったり，ウェディングドレスで写真撮ったり，あなたは何も知らないフリをしてよくガマンしたね。ママは知らないと今でも思ってること，いっぱい胸にしまうことができたあなたは強い。他には，去年から今年の夏にかけて，バレエでいろいろあって，本当にキツいことばかりでしたね。Nさんの死と『Tバレエ』（バレエ教室の名前）との決別は大きかったね。ただ踊りたい，上手になりたいという気持ちがわかってもらえず，どんどんお互いがわかり合えないままだったけど，今ふり返っても胸を張って，私の考えとか行動は正しかったって言えるよ。あなたが自分はこう思う‼っていう信念を強くもって自分の殻にこもっていたのは，今の私がこんなに前向きになるためだったのかなって思うよ。お疲れ様。あなたはいつまでも私のなかでプラスな方にリサイクルされて，また私として日々生きてるんだよ。これからはキツいこと，ツラいこと，逃げ出したいことがあっても，下を向いて落ち込まずに，前を向いて，全部笑顔でかわせるような気がします。それはやっぱりあなたのおかげだね。感謝しています。あなたの強がり，ガンコさ，一途な信念，どれもムダではなかったよ。その分，私はこれから胸を張って生きていきます。ありがとう。そして，これからもよろしくね」

「今回のロールレタリングを書きながら，いろいろと昔のことを思い出した」「私は人と違うことをするのが嫌いだったので，小学校時代は図工が嫌いだった。今は人と違っていても自信をもってやればいいと思えるようになった」。この後Fは，夏休みの間バレエの発表会の練習をするなかで，いろいろな人間関係でひどく落ち込んでいたことを涙ながらに長々と語る。「このことは誰にも言えなかったことです」と言い，今日この件をCoに話せたことをF自身喜び，「今は乗り越えることができたと思う。強がっているのではなく，『強い自分』を感じる」「自信ができたから，余裕ができたように思う」と語る。Coは〈Fにとって『自信をもつために必要なこと』とは何ですか〉と質問する。少し考えてから，Fは「1人で頑張らない。弱いところを見せてもいい。周りに頼ってもいい。自分のことはすべて知ってもらう。そうすると，無理をする必要がなくなった」と冷静に語る。「ロールレタリングを書くことで，一つひ

とつ自分の気持ちが整理されていく。今日，バレエのことが話せたのも，ロールレタリングを書いたからだと思う。マイナスのことを書くことによって，自分が『リサイクル』されて，プラスに変えていくことができる」と話す。

自己理解が深まってきたFに対して，Coは〈これまで本当によくロールレタリングに取り組んできたと思う。ここで母親への往復書簡を書いて，気持ちの整理をしてみませんか〉と言うと，Fも筆者の提案に応じる。

【解説】第5信の【今の私から昔の私へ】では，「自分の殻にこもっていたのは，今の私がこんなに前向きになるためだったのかなって思うよ」「あなたのおかげだね。感謝しています。あなたの強がり，ガンコさ，一途な信念，どれもムダではなかったよ」などの文面から，Fが過去の自分の悩みであった考え方や行動を受け入れていることが理解できる。すべてをプラスに受け止められるだけの「たくましさ」が育っているのである。過去の自分を否定するのではなく，過去の自分の課題や問題点も今の自分にとっては必要であったと認識することができている。そして，その認識の変化は，文面にある「リサイクル」という言葉に集約されている。ここまで気持ちを整理し前向きになっているFに対して，CoはFにとって一番の葛藤の対象者であった母親と向き合えると考え，母親との往復書簡を書くことを求めたのである。

第6信【母親から私へ】母親としてのFへの感謝

「Fちゃん，今まで本当にありがとう。あなたは私の宝です。産まれてきたときは本当に小さくて，正直産んでよかったのか間違いだったのかと考えたけど，保育器で足をバタバタさせるあなたを見て，私がしっかりしないといけないと思いました。

大きくなるにつれて生意気になって，人の話も聞かないし，何でこんな子になったんだろうって思ってたけど，それはきっと，どこかで寂しかったからじゃないかな。それに気づいてあげられなくてごめんね。母親しかいないからって周りから後ろ指を指されないようにちゃんと育てなきゃっていう思いが強くて，Fちゃんにはキツい思いをさせたのかもしれないなあって反省しています。

U君（母親の再婚相手）とのことも，文句言わずに見守ってくれたこと感謝

しています。U君のお母さんたちがいてもちゃんとあいさつしてくれるし，U君ともちゃんと付き合ってくれて，本当にありがとう。私はパパと一緒ですぐ頭にきてカァーとなるし，すぐ大声出すね。最近，ますますしっかりして，大人びたあなたがまぶしくなります。本当に変わったよね。見習わないといけないなあって最近よく思います。おばあちゃんとも仲良くうまくやってるみたいで安心しました。これからも2人でおばあちゃんを大切にしようね。そして母子仲良くいきましょう。大学にバレエにバイトに頑張りすぎないようにね。Fちゃんがやりたいようにやればいいんだよ。ママたちはいつだって応援してるんだから。ファイトだよ」

第7信【私から母親へ】子どもとしての母親への感謝

「ママ，私を産んでくれてありがとう。育ててくれて，ありがとう。愛してくれてありがとう。素直にありがとうって言えるようになったのは，つい最近だと思います。私は今21になってママが私を産んだことをあらためてすごいと思うよ。きっと不安とかいっぱいあったんだよね。今まで，いろいろなことがあったね。予定より2ヶ月早く産まれて，保育器にずっと入ってて，もしかしたら目が見えないかもしれなかったし，小学校のときは母子家庭だからってイジメられたし，中学・高校ではなかなか友だちができなくて，事あるごとに心配かけたね。

　ママから好きな人がいて，付き合ってるって聞いたとき，私はたぶん中2か中3で，あんまりよく考えずに，いいんじゃないって思ったけど，今思うとそのとき歯車がずれてたのかも。ママは22で私を産んで，やりたかったことがやり残したままだっていうのもあったと思う。今はそれがわかるけど，少し前までは，自分のことばっかり考えて無責任だし，自分の幸せより娘の幸せを考えるのが母親だよって考えてたけど，今は，ママの幸せも私の幸せと同じくらい大事だと思うよ。今ふり返っても，いつも私のそばにママとおばあちゃんがいたし，大事にされてたと思う。私自身，最近本当に前向きになったし，考え方も変わって，自分は本当に幸せなんだなあって思うよ。少し前まではわかり合えてなかったけど，それはそれ。今，ちゃんと関係が築けてればいいと思うよ。後をふり返ることよりも前を見て，これからのことを考えることの方が大事だと思うし，未来はどん

な形にも変えることができて，それは私とかママとか，その人がどうなりたいか，どういう風な関係でいたいかとかそういうの次第だと思うよ。私が迷惑ばっかりかけてごめんねってこの前言ったとき，親には迷惑かけていいのよって言ってくれたのうれしかったよ。私が変わったから，ママも少しずつ変わってきたなあって思った。これから，もっともっといい関係でいましょう。これからもよろしくお願いします」

　ロールレタリングの感想として，Ｆは「書けてよかった」と言い，「母親の立場を客観的に考えられるようになった。私と母親の幸せは重なり合う部分もあるが，重なり合わない部分もある。それ（重なり合わない部分）はそれとして尊重していきたい」「前までは，『私を愛してほしい』という気持ちが実感としてないと不安だった。母親には自分の幸せを追求してほしい。今は母親を信頼できる。目に見えないものでつながっているように思う」と母親への思いを一気に語る。そして「昔は『私がしっかりしなきゃ』と思うことで，キツくなっていた。今は，無理しなくてもいいんだ。自分のペースでやっていけばいい」と言い，「肩の荷が下りた」とうれしそうに話す。

　そしてＦは，「実は書いてみたい相手があと１人だけいる」と言う。高校時代から好意を寄せていた年配の男性で，「最近連絡を取らなくなった」「今思うと，父親を求めていたのかもしれない」「『いろいろなことからの卒業』の意味を込めて，言えなかった思いを吐き出してみたい」と語る。

　最後にＦは「本当に人は変われる」と言い，「前の自分を壊すのではなく，新しい自分を再生（リサイクル）していくのだと思う」「今，自分を変えることを恐れている人たちに，『人は変われるんだよ』と言ってあげたい」と笑顔で語る。

【解説】【母親から私へ】のロールレタリングでは，書き出しから感謝の言葉が記されている。さらに文面を読み進めると，思春期にＦが母親に対して反抗していた時期があったことを推測させる文面があるが，そのところで母親の立場になったＦは謝罪の言葉をつづり，さらに母親が寂しさという感情を抱いていたことに思いが至っている。最後は，再婚相手とうまく付き合ってくれて

いることへの感謝の気持ちを書いた後，あるがままのFを応援する言葉で締めくくられている。母親がFに対して思ってほしい「素直な願望」が記されていると思われる。そして続く第7信では，同じく母親に対して素直な感謝の気持ちから始まっている。文面からは，過去の出来事をありありと思い出しながら，母親の立場を理解し前向きになっていることが理解できる。ロールレタリングを行う前には母親と距離を置いていたFが，実際に母親に「迷惑ばっかりかけてごめんね」と言っていることからもわかるように，行動にも変化が表れ，母親を客観視できている。母親との間にあった葛藤がなくなったことで，Fは唯一心にひっかかっていた存在である「高校時代から好意を寄せていた年配の男性」への手紙を書きたいと告げている。心のなかにあったすべてのモヤモヤを解消したい意欲が高まっているのである。

第8信【私からVへ】自己の変化の再確認とVへの感謝の思い

「こうやって手紙を書くのはたぶん去年のクリスマスかVさんの誕生日以来ですね。元気にしてますか？　もうどれくらい会ってないでしょうか。(中略)

私は最近，自分が日に日に進化してるなあって思います。前みたいに過去のこととかウジウジ悩んでた私がウソみたいに今は未来のこととか，前向きなことしか考えなくなったよ。ほんと，今までいろんなことがあって，『なんで私はこんなにツラいこととかキツいことばっかりなの!?』って思ってて，何か確実な物ばっかり求めてた。仮面をかぶって他人と付き合ってた。でも，あなたに出会って少しずつそれがなくなっていって，"自分"をもってるあなたに強く惹かれました。今思うと，それは絶対，運命だと思ってるよ。今までいろんな話して，正直，あのときはVさんが言ってたこと，ちゃんと聞いてなかったんだと思う。聞いてなかったっていうか，聞き入れる場所が私のなかになくて，聞いてはいるけど，入ってこないって感じがしてた。それに，私のなかに『でも私は……』っていう気持ちがあって，すぐ言い訳して"悪い自分""弱い自分""指摘される自分"を受け入れたくなかった。Vさんが言うことは全部正しいと思う反面，でも私そんなに悪くないもんみたいなのがあった。今，それをふり返れるようになって，自分でもびっくりだけど，人間って変われるんだね。(中略) 今日，こうやって手紙を書いて，もう1回あなたに会ってちゃんと今の自分，変わった自分を胸張

って見てほしいなと思いました。うまく言えないけど，前とは違った意味であなたの存在はかけがえのないものだと思います。ありがとうございました。そして，これから，また新しい関係を築けたらいいですね」

「今回のロールレタリングは書き出すまでに時間がかかったが，書き出すと止まらなくなった。書けて，すごくすっきりした」「今回のロールレタリングで，自分が一番変わったことが感じられた」と語る。かつて好意を寄せていた男性に対するロールレタリングを書いて，「本当に変わった自分を一番見てほしいのはVさん」「Vさんへのロールレタリングを書いて，心にひっかかっていた思いがふっきれた」「Vさんに対して，好きとか嫌いとかいうのではなく，1人の人間として向き合えるように思う」と言う。

さらに「今まで嫌いだった人に対しても，『ああいうところが合わなかった』『こういう良いところもあったんだ』と思えるようになった」「前は『何で私のことをわかってくれないの！』と押し付けがましいことをしていた。これからは嫌いな人とでもうまく付き合っていけると思う」と語る。最後に，「Vさんとの出会いも必要なことだったと思える」「人生に無駄なことは一つもない」と笑顔で語る。「今日のロールレタリングですべて吐き出した」と語るFに対して，Coはこれまでの頑張りを支持したうえで，〈これまでのロールレタリングをふり返るために，感想を書いてほしい〉と最後の課題を提示する。

【解説】最後のロールレタリングを書くことで，Fの心のなかにあったすべての葛藤が処理された。もうこれ以上書くことがないという段階に達しているのである。結果として，大きなカタルシス効果を得ている。かつて好意を寄せていたVとの関係性を見直し，新しく生まれ変わった自分自身をVに見てほしいという意欲さえ生まれている。生まれ変わった自分自身を心から実感し，その姿をVに認めてもらいたい思いがあるのである。人間関係の取り方も身に付いていることが理解できる。

第9信【ロールレタリングの感想】認知と行動の変化による自己変革

「ロールレタリングをやって自分自身とても変わったと思います。今まで心の

なかでモヤモヤしていた物を文章を書くことで，気持ちのリサイクルができました。私はロールレタリングを行うまで，周りの人たちから求める物が多く，それと同時に自分の本音をそのまま誰かに話すことに抵抗がありました。自分のなかの自分像があって，それを壊すことが恐くて，今思うと臆病だったと思います。そんな私がロールレタリングに出会って，大きく変わりました。まず，1回目のロールレタリングで私の内にあったモヤモヤの大半はリサイクルされました。その後，回を重ねるごとに，考え方や人との付き合い方が変化していることに気がつきました。周りの人たちへの感謝の気持ちを実感としてもつようになり，私1人で生きているのではなく，多くの人の支えがあるからこそ，今私は生きているんだと思うようになりました。また，人から求めるのではなく，私が与えたいと思うようになりました。それは同時に，周りの人たちの存在を大事に思うことだと思います。このように考えるようになり，チャンスが増えた気がします。変わってみて，本当に変わってよかったと思います。ずっと変わりたいけど変われないと思っていましたが，それは変わりたい気持ちよりも変わりたくない気持ちの方が大きかったのかもしれません。これからますます良い方向に進むと思っているので，失敗を恐れず，前へ前へと進んでいきます。私は人生にムダなことは一つもないと思っているので，自分にとってたとえマイナスなことも絶対プラスにしてみせる!!と思います。今回ロールレタリングを行う機会を下さった Co には心から感謝しています。ありがとうございました」

あらためて感想を聴くと，「出すものを全部出し尽くした感じ。ロールレタリングをやる前とやった後ではぜんぜん自分の心のなかの気持ちが違う」と語る。文面にある「チャンスが増えたこと」に関して，実際に最近 F にバレエの発表の機会など多くのチャンスが巡ってきているという。Co は〈自分が他者に開いていることで，周囲の見方が変わってくる。チャンスは F 自身が呼び寄せているのかもしれないね〉と伝える。Co の言葉にうなずきながら，F は「ロールレタリングで自分の考え方を明確にもった。自分を理解することができ，自信もついた」としっかりとした表情で語る。

本面接終了後，F と数回話をする機会をもつ。家庭では母親と祖母と良い関係で過ごしている。また，大学生活では積極性が生まれ，友人との関係も良好

である。表情も明るく,多くの友人から「本当にＦは変わったね」と言われることが多いという。

【解説】【ロールレタリングの感想】を読むと,Ｆにとって第１信が書けたことが重要であったことがあらためて理解できる。それまでに言えなかったことを初めて書くことは,クライエントにとってそれまでの自分を「壊す」作業でもあり,大変な勇気とエネルギーが必要となるが,カウンセラーに支えられて自分の内面と向き合うことができたのである。ロールレタリングでは,第１信で本音を書くことができると,第２信以降はスムーズに進むケースが少なくない。最初のロールレタリングで「吐き出し」によるカタルシス効果を実感すると,自然と書く意欲が生まれていく。そうなると,書く対象もクライエントが自ら選んでいくようになり,自己洞察と他者理解はどんどん深まっていく。こうなると,事例５のクライエントと同様,カウンセラーは受容を基本にしてクライエントに寄り添うだけで十分である。ロールレタリングで葛藤を処理すれば,人は大きく変われることをＦは実証してくれたのである。

第 8 章

事例 7：自己分析の方法としての活用

　「心の問題で悩んでいる人の役に立ちたい」「傷ついた人たちの心を癒したい」。そんな気持ちから心理系の大学に入学を希望する高校生は多く，将来の仕事としてカウンセラーを志望する学生も少なくない。しかしいうまでもなく，カウンセリングの仕事は「心の問題」を扱うがゆえに，誰もが容易にカウンセラーになれるわけではなく，カウンセリングの技術の習得だけでなく自己理解を深めることも重要な課題となる。その点で，心理職を目指す学生は，将来さらに専門的な教育や訓練を受けるためにも，学部生の段階で自己の内面をみつめ課題を明らかにしておくことは必要である。自己分析の方法としてロールレタリングを用いる利点は，構造化された方法として短期間で自己理解が得られるところにある。本事例は，心理療法として活用されるロールレタリングが自己分析の方法にも導入できることを示唆している。

クライエント：G（女子）　大学3年生　21歳
　主訴：「将来の仕事として，カウンセラーを志望している。今の時期に自己理解を深めたい」
　家族構成：Gの家族構成は，父親（芸術家），母親（専業主婦），W（大学生の弟）の4人。3人姉妹の長女として育った母親は，幼少の頃転々として生活し，高校のときには家庭の事情で親元を離れていた。母親は，Gに対して「長女としてしっかりしなさい」と厳しく躾をする一方，非常に過干渉である。父親も母親と同様にGへの躾は厳しい。

第8章 事例7：自己分析の方法としての活用

問題の背景：家庭の事情でGは小学5年のときに転校。中学に入学後，周囲になじめなかったGはいじめにあうが，その事実を誰にも言うことができず，1人苦しみを抱え込んでいた。今でも悩みごとがあっても家族には表面的なことしか話せない。大学生活においてもGは，周囲に対して明るく振る舞っているが，内心では他人に合わせることが苦痛である。将来の目標は人を援助する職業に就くことで，その一つとしてカウンセラーを志望している。

● ロールレタリングの過程

第1信【私から母親へ】転校による寂しさといじめの告白

「最近，何で私はこんな性格になったんだろうってよく考える。一番のきっかけは今の場所に引越してきてからだと思うんだ。X（地名）に引越してきたときは本当に心細かった。今でもそのことをお父さんとお母さんに冗談めかして言ったりするけど，2人は決まって自分たちの転校経験の多さと比べちゃうよね。私と弟はたった1回しか転校していないから幸せだって。でもね，私，そういうのって比べるものじゃないと思う。悲しさの量は1回だって，10回だって同じだよ。（中略）小学1年生からX小学校にスムーズに新入生として入っていった弟はすぐ小学校になじんだけれど，私は一向にXになじめなかった。というか，なじんでしまうことは前の学校の友だちを捨てることになるんじゃないかと思って，必死に虚勢をはって頑張ってたんだと思う。すごく不安でたまらないのに，かっこばっかりつけて嫌な小学生だったよね。小学5年生の私にとってはそれくらい大きな転機だった。『あのまま前の学校にいたら，こんなに不安な思いはしなかったのに』と転校させたお父さんとお母さんを心のなかで非難したこともあった。

5年生，6年生を終えて中学に上がってからが最悪だったの，お母さんたちは気づいていた？　中1のときに，イジメられて本当にキツかった。学級委員長だった私VSクラス全員なんてときもあったほどだったんだ。（中略）学校に行きたくないってずっと思っていたけれど，そのとき私の周りの友だちが3人も不登校になっていたでしょ。だからあんな心配かけたらダメだ，と崩れそうになりながらも必死に学校にだけは行っていた。今思うとここで"学校に行かない"という選択肢もあったはずだよね。でもそれを選択できる勇気もないまま，ズルズル

と学校に行き続けたことで私はもっと人嫌いになってひねくれてしまった。とくにお母さんにはそのイライラを毎日ぶつけていた。私は自分のことを上手に話せないし、助けてほしい気持ちも上手に表現できなかった。あのときお母さんは気づいていたのかな。それを知りたいと思いながら、とうとう聞けずにここまできてしまった」

　感想を尋ねると、「最初は書きにくかったが、書き出すとイメージがどんどんわいてきた」と語る。母親に対して、Gは「今は不満はない。だから書いていて『悪いなあ』と思った」と母親を責めることに罪悪感があることを正直に述べる。続いて、文面にあった中学時代のいじめの話題に移り、Gは「自分は『いじめられっ子体質』です」と語る。しかし「いじめられたことで勉強になったから、いじめも役に立った。自分のなかでは、ある程度『消化』している」〈どうやって消化したの？〉「中学から高校に上がるときにいろいろなことを断ち切って、あきらめがついた。これからのことを考える方が大切です」と言う。〈いじめのことを母親は知っているのかな〉と問いかけると、Gは「自分がしんどかったことに気づいてくれていたと思うのですが、実際に話し合ったことはないです。今も辛くて母に話すことはできません」と語る。〈これまで辛い思いを自分1人で頑張ることで乗り切ってきたのではないですか〉と言うと、Gは「はい」と言って涙を流す。

【解説】第1信のロールレタリングでGは、中学のときに受けたいじめを想起し、転校を余儀なくされた寂しさや不満を訴えながらも、母親に助けを求めなかったことを記している。面接で明らかになったことは、いじめを受けていた苦しみを他者に訴えるのではなく、「いろいろなことを断ち切って、あきらめ」をつけて「自力救済」している点であった。そこでCoは〈これまで辛い思いを自分1人で頑張ることで乗り切ってきたのではないですか〉と自己分析としての最初の課題を提示した。文面をみると、小学生時代においてすでにGは1人で悩みを抱え込む性格になっていることがわかる。転校したことの寂しさやしんどさを母親に言うことができず、心のなかで親を非難していたのである。さらに小学校の高学年に受けたいじめがGの心の辛さに追い打ちをかけてい

る。そのときGは親に「心配をかけてはダメだ」と思い,「学校に行くことが辛い」と言葉で正直に言うことができず,母親に対してイライラした態度をとっている。これが,言葉で本音を言えずに,態度で自分のしんどい気持ちをわかってもらおうとするGの行動パターンである。しかしGは,自分の内面をみつめるのではなく「『いじめられっ子』体質」という捉え方をしており,「素直に自分のネガティヴな感情を言葉で言えない」という本質的な問題にまで目が向いていない。将来Gが支援者として務めていくのであれば,この問題と向き合う必要がある。

第2信【私から母親へ】素直に甘えられないG

「何だかこうして自分のことをふり返って考えてみると,思い出したくないことばかりが思い出されてくるような気がする。小さい頃から愛されている自覚はあるし,だからこそきちんとした人間にならなければとも思う。たしかにいいこともたくさんあったのに,それをあまり思い出せないの,本当に悪いと思ってる。とくに中学の頃の記憶はすっぽりと抜けているみたい。お母さんに"あのとき私がイジメられてた?"って聞けなかったのは,きっと私なりの意地があったのかもしれない。当時の私は根暗で,陰気で,よく容姿のことでいじめられていたから,そのことがもしお母さんに伝わったら……と必死で強ぶっていたんだと思うんだ。私はアニメやまんがやゲームが大好きで,たいていそういう主人公は1人でもかっこよく逆境に立ち向かっていくから,自分でもできると思い込んでいたんだ。(中略)

こうして考えると,写真も絵もお裁縫のセンスもお母さんから来ているのかな? それでも,どれもお母さんからほとんど習ったことはなかったよね。私は何でも決まって1人でするのが好きだし,教わるのがニガテ。お母さんは何でも上手だから,なかなか私は下手な作品は見せられないよ。とくに絵はお父さんには絶対見せられない。専門家に見られるってとても恐い。私は教わるのが苦手だからすべてが独学。だからデッサンもほとんどしていないでしょ。そこを指摘されると何も言えなくなるの。

"何でも自分でする"って大口きってはいるけど,今は金銭面で頼りきってるから,それはとても格好悪いことだと思う。だから早く大人になって,仕事につ

> いて，いろいろと返していきたいと思う。実の親子なのにこんなこと思うなんて変かもしれないけど，どうしても嫌なの。いつから"頼りきる"ことがこんなに怖くなったんだろう」

　「昔のことを書くことはキツかったが，少しずつ思い出してきた。中学のときに受けたいじめは『自分のせい』だと思っている。自分が周りを気にしすぎていた。1人で本を読みふけったり，絵を描いたりしていた。男の子にもいじめられた。今，同学年の男子が苦手なのも，そのことが関係しているのかもしれない」と語る。

　次にＧは，「父は絵がプロなので，自分が絵を描くことが好きなことを恥ずかしくて言えない」と家族に絵の趣味があることを隠していることを話す。高校を受験する前に母親から「受験前に絵ばかり描いてはいけない」と言われ，それまでに描いていた絵を燃やされそうになったことがあったという。「中学のときに絵を描くことで，実はストレスを発散していたと今思う」「今，ネットに自分の絵を展示して，それを他の人から褒められるのがすごくうれしい」と述べた直後に，「他の人に褒められてうれしい気持ちになるのは，本当は親から褒められたいのかもしれない」と自ら洞察し，突然涙を流す。「最近，涙もろくなってきました」というＧに，Coは〈素直に感情を出すことは大切なことだよ〉と伝える。

　最後にＧは「自分はこれまで1人で何でもしなければならないと思っていました」と言い，「今，大学内のサークル活動で責任者を任されていることが負担になっている」と告げる。「人に安心して任せられないんです。だから全部自分でやってしまいます」「何でも1人ですることに慣れています。だから1人旅も好き」と言いながらも，「本当は，他の人といると人に合わせなければならないのが苦痛なんです」と本音を吐露する。

【解説】第2信で，Ｇは親に愛されている実感を持っているものの，素直に甘えられない苦悩を記している。さらに「きちんとした人間にならなければ」「必死で強ぶっていた」と背伸びをして，1人で何でもする（他者に援助を求めない）生き方をしてきたことが理解できる。しかし文面の最後には，「いつ

から"頼りきる"ことがこんなに怖くなったんだろう」とこれまでの自分の生き方に対する疑問が芽生えている。注目すべき点は，面接でGが，インターネットに自分の絵を展示しているという話題のなかで，「人に褒められたいのは，実は親に褒められたい」気持ちがあることを洞察していることである。すなわち，「親に認められたい（＝愛されたい）」という素直な気持ちを意識化している。涙を流すGに対してCoは，感情を素直に出すことの大切さを伝え，Gの感情表出を称えた。自然な感情が出せたことによって，Gは「1人で何でもしなければならないと思っていました」と自己理解が芽生え，他者に合わせることが苦痛であるという本音も表現できている。G自身が自分の課題に気づき始めたところで，Coは，次回のロールレタリングの課題として，いじめられていたときに抑圧していた気持ちの整理をすることを提案した。

第3信【私からいじめっ子のYへ】いじめに対する攻撃的感情の吐き出し

「Yさんは一体どうして私に目をつけたの？　そりゃあ私は暗いし，根っからのオタクみたいなやつで，確かに気持ち悪かったかもしれない。でもね，それならそうで何で放っておいてくれなかったの？　私が学級委員長をしてたから（柄にもなく）？（中略）

私にだって，人をののしる権利はあるんだよ，あなたがしていたように。でもできなかった。それをしなかった私が弱かったのか，それとも優しかったりしたのかはわからないけれど，心のなかではいつもイライラしていた。体格もよかったあなたはクラスのなかでも女ボスを争うくらいで，私はそんなあなたを見ながら何だかあわれな人だな，とも思いました。私をイジメることでしか自分を誇示できないの？　私はそんなあなたを今，想像してみると，どうしても私に襲いかかってくる豚のイメージがします。私は当時は人を好きか嫌いかもわからないくらいだったけど，そのときからだ，私が人に無関心になったのって。今思うと，Yさんのせいでこんなに殺（原文ママ。「苦」の意味か──筆者註）しんでいるなんてバカみたい。だから今は見返してやりたい。そんな風にも思っている。
（中略。このあとGは具体的ないじめの内容を長々と書いている）

Yさんにとっては覚えていない，ささいなことかもしれないけれど，私の心にあのときの声は今でも残っていて，胸がチクチクします。中2であなたとクラス

がわかれてホッとしましたが，3年でまた同じになりましたね。そのときもあなたは私と同じ班になったとき，私の机から皆の机を遠ざけて悪ふざけしていましたね。もう耐えられませんでした。誰かに何か聞いてほしくて，電話相談所に電話しちゃうくらい悩んでいたんです。

　あなたが私をイジメたことがこんなにも苦しいこととして心のなかにまだあったなんて驚いた。楽しいこともきっとあったはずなのに，あなたの顔を思い出すとすべてが台無しです」

　「いじめを受けた相手にロールレタリングを書くことによって，忘れていると思っていたことをありありと思い出した」と告げ，いじめの体験を話し出す。「転校したとき，すでに周囲はグループ化していて，なじめなかった。そして，嫌な役目をいろいろと押し付けられた」と続ける。「中2になると，学校を休みたくなった。しかし親に心配をかけたくなくて，ずっと我慢していた。いじめられていることや学校に行きたくないことを誰にも話せなかった」と涙ながらに話す。その頃をふり返り，Gは「1人遊びが多かった。本やテレビばかり見ていた。私は『もの』に触れることしかできなかった。心のなかで自問自答ばかりしていたように思う。『人』とは向き合えなかった」と話す。

　〈もし今，もう一度中学時代に戻るとしたら，いじめのことを誰かに相談しますか〉と問いかけると，少し考えてからGはCoの質問を否定し，「高校のときのように外見を変える」と答える。そこでCoは〈表面的に変えるだけだよね〉とせまり，〈いじめを受けている生徒がいたら，カウンセラーとしてGはどうする？〉と尋ねると，「助けてあげる状況をつくってあげたい」と言う。〈そのためにはどうしたらいいですか？〉「……その子と話をしないといけないですよね」と複雑な表情を浮かべる。Coに矛盾点を突かれた格好のGは，「私はプライドが高い。いじめられていることを言うのが恥ずかしかった」と言う。Coは〈プライドの問題かな。弱音を吐いてはいけないという考えにどう向き合うかではないですか〉と言うと，「……弱音を吐かないことが，21年間続いていると思う」と述べた直後，「もしかしたら，これまでのロールレタリングは表面的なことしか書いていない。本音を書いていないかもしれない」と突然Gに気づきがある。次回は，本音を書くことを第一のテーマとして，

あらためて【私から母親へ】で書くことにGは決める。

【解説】第3信で「いじめを受けた相手」にロールレタリングを書いたことで，Gはいじめられたときの苦しみが今でも心のなかに残っていることに驚いている。人は，過去の苦しみや悩みを忘れてしまうことがあるが，そうした感情を解消しないまま生きていると，いつまでも心のなかにネガティヴな感情が留まったままになる。そうした感情は吐き出さないと，いつまでもその人の心のなかにくすぶり続け，現在の人間関係に影響する。いじめっ子へのロールレタリングを書いたことで，Gは面接で涙ながらにいじめの内容を想起し，過去を再体験して自らの心の傷を癒すとともに，人とつながることができなかった理由を洞察している。自己理解が進みつつあるGに対して，Coは本質的な問題に直面化させる質問（カウンセラーとして，いじめを受けている子どもにどう対応するか）をした。これによって，「弱音を吐いてはいけない」という自己の性格の問題点が明確になり，Gは「これまでのロールレタリングは表面的なことしか書いていない。本音を書いていないかもしれない」と気づきを深めている。この時点で，Gの心に母親との問題に向き合う勇気が生まれている。

第4信【私から母親へ】母親に対する初めての不満感情の吐き出し

「お母さん，一体お母さんはいつになったら私にかまわなくなるの？　もう私は21歳。お母さんの期待する，100％の娘を演じるのももうそろそろ終わりにしたい。いつだって私はいい子でいようとして，無理ばかりしてきた。でも最近は少しくらい羽目を外してみることもあるよ。でも家に帰ると決まって怒られてしまうから，100％では遊べない。お父さんとお母さんはとても厳しいから，いつだって1人どうやったら怒られないか，とか考えることもあるの。そうなるなら完ペキな子どもでいるしか方法がないんだ。家の家事だってそう。私は気がついたときには絶対しているよ。でもときどき疲れて，お皿を洗うの忘れてしまう。そうするとすぐお母さんは私を攻撃しはじめる。どうしてWには言わないの？　弟だから？　男だから何もしなくていいの？　『お姉ちゃんがきちんとやっていなかったら，弟にも注意できない』。そう，平然とした顔であなたは言うけれど，一度だって言ったためしがないじゃない。

私はそうやって育ったから，甘えるのが苦手なのかもしれない。厳しく，まじめに，責任感のある子に育てられたから，早い頃から1人で立たなくちゃいけなかったんだよ。だからそうさせたお母さんがやっぱり苦手なときもあるよ。私があんまり親に反抗もせず，悪いこと何一つせず，まともに生きてきたことは正しいことじゃなかったのかもしれない。だからあなたたちの欲求はどんどんエスカレートしてきて，今はもうそれに対抗できない。私が本質的に『いい子でいる』ことはもう日常だけど，たまに羽目を少し外して怒られる→怒られないように頑張る→でも疲れる→そしてまた羽目を外す，のくり返しなの。たぶん他の21歳の子にとって，私の『羽目を外す』なんて外すうちにも入らないと思う。それぐらいささいなこと。でもお母さんはそれが許せないんだよね。だから私に当たるんだよね。正直，そこまで私にかまうお母さんが少し気持ち悪い。だから，もう甘えきれないのかもしれない」

　開口一番 G は「今回はいろいろと気づきがあった」と言い，「実はロールレタリングを書く前に母と衝突して，書く前はイライラしていた。でも，書いた後は気分がおさまった」と語る。今まで言えなかった本音を出せたことに対して，Co は〈よく書けたね〉と G をねぎらう。

　母親について，「母は，高校のときに実の親と過ごせない時期があった。今私に過保護すぎるのは，自分がされなかったことを今私にしているのではないかと気づいた」と言う。「中学時代は母に反抗するパワーがなかった。ずるずると親の言う通りにして生きてきた。反抗していたらよかった。何でも自力でやってきた。だから母も『もっともっと』と期待してしまうのだろう」と続ける。そして「私は失敗することが嫌いだった。親が見ているから」「私は，『ころび方』がわからない。親がすべて手を貸してくれた。……このままでいいのだろうか」と苦しい表情を浮かべる。「親の期待に対して，『もういいのかなあ』と思いつつ，期待に応えようとして頑張ってるところがある」と言い，「親に甘えることが苦痛」とも付け加える。さらに「秘密を出さないことが普通になっている。完璧な自分を演じている。だから1人でいる方が楽なんです」と語る。ここで Co は〈母親の立場に立って，ロールレタリングを書いてみませんか。母親がどう思っているのか，G なりに一度考えてみてほしい〉と

伝える。

【解説】第4信で，Gは母親への不満を吐き出し，母親に甘えられず「いい子」になろうと生きてきた自分自身の問題に気づいている。生まれて初めてネガティヴな感情を言語化できたことで，第4信はGにとって大きな転換点となった。面接でも語っているように，Gはカタルシス効果を得るとともに，母親に対する理解も洞察している。すなわち母親自身が寂しい思春期を過ごしていて，母親の育て方は実母との関係にまでさかのぼっていることに気づいている。また，自分の課題が明確になったことで，Gは今の生き方に対する葛藤が生まれている。Gの自己理解を深めるために，Coは母親の立場になってロールレタリングを書くことを提案した。

第5信【母親から私へ】強い子を演じてきたGの思い

「お母さん，Gがそんなにも辛い思いをしていたの知りませんでした。でももし，知っていたら，そのとき何ができたのかな。Gがいじめられていたことはなんとなく（中1～中2の間）わかりました。とてもイライラして，お母さんともよくぶつかっていたよね。でもGがイジメられてるって言わなかったから，お母さんの方からは何も言うことができなかったんです。

今思うと，お母さんもお父さんも転校ばかりして，それなりにイジメやけんかを体験してきたから，"転校くらいがまんして"とよく言っていたよね。それがいけなかったのかもしれない。そういうがまんが積もり積もってイジメられてるという弱味をお母さんたちにみせられない子どもになってしまったんだね。いつだってGは何でも隠したがるね。テストの点数や日々の出来事の表面的なことは話してくれるけど，自分の心の弱みはお母さんにもお父さんにも言わないよね。だから強い子だと思ってしまったのかもしれない。強い子だから，と言う私たちの期待がGにますます無理させたのかな。

今だってついついGには小言が多くなってけんかしてしまうよね。ちゃんと家事をしてくれることだってあるのに，お母さんは都合の悪いことは忘れてしまうみたい。5割はしてくれているのに，それに感謝しないで，やらなかった5割に対して叱ってしまう。どうしてだろう。もっとGのいい所をみつけられたは

ずなのに……」
　　　　　　　　　　　　　　　　　　　　　　　　　　　　　　　　　　　

　「母がロールレタリングに書いたようなことを考えてくれていたら，気持ちが楽になる。でも逆に，いじめのことに気づいていなかったら怖い。うすうす気づいていながら，何も言わなかったのではないかな……」とGは考え込む。そして「いじめのことを言わなかったのは私の責任です」〈否定されるかもしれないと思って，言えなかったんだよね〉「私は我慢するタイプ。イライラして当たったり，ため込んで爆発したりする」と語る。

　「母には，結果だけ見て評価してもらいたい。途中の段階で手を出してほしくない」と言いながらも，「実は，助けをどの段階で求めていいかわからない」と吐露する。Coは〈どの段階で求めてもいいんですよ〉と伝える。現在の母親の行動について「今でも『サンタクロース』がやってくる。21歳にもなって……。母は『行事』を重んじる。私は母の期待に応えなきゃいけないと思って，何も言わない」「母から与えられるものをそのまま受け取っている。肝心なことはまったく話し合わない」と課題を明確にし，最後に「今の段階で母に対する思いは書き尽くした感じがします」と付け加える。

【解説】第5信の母親の立場に立ったロールレタリングでは，面接でGが語っているように，Gが母親に思っていてほしい素直な願いが記されている。とくにGにとって一番辛かったいじめの問題について，母親がいじめの事実を認知しておりながら，転校をくり返させた負い目からGに我慢を強いていたことを謝罪する内容になっている。最後は，母親自身も素直に自分の気持ちを言えない葛藤を抱いていることをGが感じとる文面で締めくくっている。面接で，母親に甘えられない苦しみを感じながらも，Gは自分の課題を明確にしている。「今の段階で母に対する思いは書き尽くした感じがします」というGに対して，最後にCoはロールレタリングの感想を求めた。

　　第6信【ロールレタリングの感想】ロールレタリングのふり返り
　「今回，ロールレタリングに取り組めたことはとても有意義なことだった。自分の忘れようとしていた記憶をほりおこして，他者に話す，他者の目に触れる

"字"という形で表現することは苦痛をともなうものなんだとあらためて実感できた。しかし，先生（Coのこと）の温かく適切な言葉のなかで，その苦痛を忘れるほどの気づきがあった。ただ，その"気づき"があまりにもバラバラでまとまりがなく，早くまとめないと忘れてしまいそう，という気持ちでこれを書いている。うまくはまとまらないと思うが，自分のなかで整理をつけるために必要だと思う。

【私自身について】

　私自身としては，最も大きな転機となったのは小5のときの転校，中学時代のイジメだと考えた。前々から"整理がついていないまま"放っておいていることが苦しかったので，このことと向きあえたのはよかったと思っている。自分では記憶にないというか思い出したくもない過去で，卒業アルバムすら部屋の奥にしまい込んでいた。しかし先日，卒業アルバムを自らの手で開くことができた。じっくりと見ることはまだできないが，自分の手によってページを開けたことは小さくではあるが大切な一歩だと思った。

　また小5～中学校卒業の5年間，1人で苦しんで，1人で頑張ってきた経緯からか今も人に頼れず甘えることのできない自分に気づくことができた。前々から1人が好きではあるが，それはもしかしたらそのような体験からきているのかもしれない。今となっては逆に人に甘える行為が恥ずかしく思うようになってしまった。行動の変容は難しいかもしれないが，原因に気づいたことで何か変わっていくことができるかもしれない。

　自分自身の弱音を吐き出すのはほとんど初めての経験でとてもとまどってしまったが，"否定されない"という安心感があるのがとてもよかった。もし，親が"否定しない"ということができる人であったならば，私も自分の苦しいこと，言うことができたかもしれないなあという思いが頭をよぎった。

【母親について】

　母親の過剰な期待，過保護さには，私自身の体験をさかのぼっていくことで気づく点が数点あった。まずその最大の気づきは母の孤独感である。高校時代から親元を離れざるを得なかった母は，大きな寂しさを抱きながら大人になった。その経験からなのか，自分の過ごせなかった家族との時間を，今，私たちという家族のなかで過ごしていると思うのだ。それとともに未だ親元から離れず通学して

いる私がかわいくも憎たらしくあるのだろう。親元を離れ，自立した生活をしていた少女時代の母は，きっと100％頑張っていて，その辛さや苦しさをたまに今の私にぶつけているのかもしれない。

　ただ今年に入って，母は初めて1人で（家族の誰とも行かず）自分の実家に帰った。3人姉妹の長女である母が初めて祖父，祖母と3人水入らずで過ごしたと聞く。私は，それは，母もまた1人で頑張ってきたから，甘えることができずに大人になってしまった時代を取り戻す行為のような気がするのだ。

　こう考えると私がこのような性格になったのも十分納得できた。そして母の考えも今なら理解できるような気がする。母がもし今，失った時代を私や弟で取り戻すことができるなら，頑張ってそれを受け止めて行こうと思う」

「ロールレタリングをやったことによってイライラすることがなくなった。イライラすることにも理由や原因があることがわかった」とこれまでのロールレタリングの感想を述べる。母親について，Gは「母も甘えられずに育ってきた。甘えられなかったことが今私にきている」「幼少の頃，母は家族と一緒に過ごす時間がなかった。それだけに『理想としての家庭』があるのかもしれない。理想だけが大きくなって，その枠のなかに私と弟を入れ，完璧な家族をつくろうとした。私たちに過剰な期待をしてきた」と話す。そして「私も自分の子どもに同じことをしてしまうかもしれない」と不安を口にするGに対して，Coは〈今は，気づけていることが大切なんですよ〉と伝える。さらにGは母親の過干渉な面を「症状」という言葉を使って，「母の『症状』が見え隠れする。少女のように見えるときがある」と言う。Coは〈母親を客観的にみることができているのではないですか〉「はい」〈整理がついているということですよ〉と言うと，Gは「母がかわいそうに思うことがある。母の好きなようにさせてあげたい」と語る。Coは，Gの母親に対する葛藤がある程度解消されたと思い，〈とても成長しましたね〉と伝えると，Gも笑顔で応じる。

　次に，自分自身について，「自分のなかで整理がついた」と語り，「これまで考えないようにしてきたことを，ロールレタリングで頑張って思い出してみた。中学時代のいじめが大きな問題だった。消去していた3年間だった」と言う。「これまでの自分は『自己完結』していた」と語り，「何事も1人ですることが

かっこいいと思っていた。自分は人との関係性をうまくつくれないで育ってきたことに気づいた。これからは，人との関係性をつくっていきたい」〈具体的には？〉「人と楽しく遊びたい」〈それで OK ですよ〉と言うと，ここでも笑顔が出る。さらに「課題が明らかになった。カウンセラーとしてやっていくために，少しずつ自己表現をしていきたい」と語り，最後に「なんか，すっきりした！」と晴れ晴れとした笑顔で言う。

　本面接を終了して1週間後，突然 G が Co のところにやって来る。G は「実は，前回の面接の後，自分の気持ちがすっきりしていたので，勢いで母親に昔のいじめの話をしてみました。すると母親は『知っていたよ』と答えてくれたんです！」と報告する。そして「このことを母に話せたこと自体，自分でもとても驚いている」と語る。Co が〈よく話せたね〉と言うと，笑顔がこぼれる。

【解説】【ロールレタリングの感想】の冒頭を読むと，G がロールレタリングに取り組めたことは，カウンセリングの場合と同様，面接者である Co の存在が必要であったことがわかる。【私自身について】で G は，今まで心の奥底に封印していたいじめの問題が，現在の自分の生き方と関係していることを客観的に理解している。注目したいことは，G がしまい込んでいた卒業アルバムを開けたことである。自分の心のなかがすっきりしたから，昔をふり返る気持ちになれたのである。次に【母親について】では，母親の孤独感と母親自身も幼少期に1人で頑張ってきた苦悩を深く理解し，母親を客観視できている。以上を通じて，G は自分の性格形成の過程を洞察している。面接では，カタルシス効果があったことを語り，母親の寂しさを娘として受け止める姿勢に変わり，「母の好きなようにさせてあげたい」と語っている。現状の母親との関係は変わらなくても G 自身の自己理解が深まったことで，母親に対する見方が大きく変わっているのである。最後に G が語った「なんか，すっきりした！」という言葉は，抑圧していた思いを吐き出せた G の素直な感想であろう。これで面接は終了したのであるが，驚くべきことに，数日後に G は母親にいじめの件を告げている。G が語っているように，カタルシス効果や他者理解があったからこそ，自然と母親に本音を言う気持ちが生まれたものと考えられる。ロールレタリングによって認知だけでなく行動まで変化したのである。カウンセ

ラーを目指すGにとって，ロールレタリングに取り組んだことは自己変革の機会になったといっても過言ではない。

　これまでロールレタリングは，矯正教育では非行少年の処遇プログラムとして活用され，現在では一般の心理治療の場ではカウンセリングの一技法として導入されつつある。ロールレタリングが自己洞察と他者理解を得ることによって心の整理をしていく技法であるならば，健常者が行う自己分析の方法としても活用できる。本事例におけるGも，まず「いじめ」によって抑圧していた感情をロールレタリングで表出し，本音を吐露してカタルシス効果を得た。その結果，自己の内面の問題と直面化し，さらには母親との間にあった葛藤を処理して最後は自己の課題を明確にした。このように，内面の葛藤の吐き出しから自己理解と他者理解を深めていくという心理的過程は，心の問題を抱えたクライエントのそれと大差ない。自己の内面をみつめる方法として，ロールレタリングは，クライエントに対する心理的支援であれ健常者の自己分析の方法であれ，普遍的な有効性をもっていることが理解できる。

第 9 章

事例8：ロールレタリングに抵抗感をもった摂食障害者の心理面接

　事例1の摂食障害のケースと同様，本事例のクライエントも両親，とくに母親に対する葛藤を強くもっていた。しかし事例1と異なり，本事例のクライエントは，ロールレタリングを書いてもカタルシス効果を得るどころか，罪悪感を抱いてしまい，途中でロールレタリングが書けなくなってしまった。ロールレタリングを中断して通常の面接を続けるなかで，自分に対して否定的側面しか考えられなかったクライエントが，Coの質問をきっかけに肯定的側面をみつめ始め，自己内対話（自分から自分へ）のロールレタリングを書いて，主訴が改善していったのである。本事例は，クライエントがたどる基本的な心理的変化の事例とは異なったバリエーションの一つとして取り上げたものである。ロールレタリングが多様な形で活用できるヒントとなれば幸いである。なお，本事例も面接回数を記している。

クライエント：H（女子）　大学4年生　22歳
主訴：「イライラを抑えたり，寂しさをまぎらわせたりするために食べ，食べた後は吐いてしまう。吐いた後は，『また吐いてしまった』という罪悪感と，『これで太らない』という安心感との両極端の感情に襲われる」
家族構成：父親，母親，H，Z（大学生の妹）の4人家族。Hによると，父親は短気な性格で，腹を立てたとき物に当たることが多いという。過干渉な母親は気分屋で，機嫌の良いときと悪いときの差が激しい。幼少の頃よりHの両親は共働きのため家には不在がちで，Hは祖父母と一緒にいることが多か

った。人と会うことが苦手で，学校に行く日以外はほとんど家にひきこもっていた。両親は明るい性格のZと自分の気持ちを表現しないHを常に比較していた。

問題の背景：Hが摂食障害になったのは大学2年の終わりで，当時付き合っていた男性から容姿について言われた一言がきっかけであった。Hは「痩せたい」と思う一心から食べて吐くようになった。毎日吐くようになるとHの体調は悪くなり，めまいや動悸などの身体症状が現れ，喉からの出血も見られるようになった。一度病院に行ったことがあるが，医師から当時付き合っていた男性のことを批判されたこともあって，その医師を信用することができず通院も止めてしまった。その後男性とも別れ，環境を変えたくなって1人暮らしを始めるが，それでもなお吐くことは止められず，来室時には週に3回は食べて吐く状態であった。

●ロールレタリングの過程

第1回　第1信～第2信（両親への初めての本音の表出と自己否定感）

自由にロールレタリングを書いていいと言ったところ，Hは，両親に対する2通のロールレタリングを，手書きでなくパソコンで作成してきた。

第1信【私から父親へ】

「1人暮らしを始めてもうすぐ1年が経つよ。あたしは，あの狭い家にいられなかった。耐えられなくなっちゃったんだ。自分の居場所を，あの家では見つけられなかった。

お父さんはすぐに怒るし，お父さんの機嫌をとりながら一緒の場所にいるのは辛かったよ。なんであたしのこと，そんなに怒るの？　なんでZのことは怒らないの？　あたしは，お父さんとお母さんが望む通りの道を歩んできたのに，どうしてあたしばっかり怒るの？　あたしのことがかわいくないんでしょ？　どうせ嫌いなんでしょう。（中略）

あたしは，奥の部屋にこもって1人でいることしかできなかった。家族以外の人に，自分を見られたくなかった。Zはお手伝いをするイイ子だったから，あたしはお父さんとお母さんの言うことを聞くイイ子になるしかなかった。人前に出

第9章 事例8:ロールレタリングに抵抗感をもった摂食障害者の心理面接

ることが嫌だった。誰とも話したくなかった。お父さん，あたしの何を知ってる？ あたしのことなんてどうでもいいんだよね。あたしがいくら頑張っても，お父さんは認めてくれない。褒めてくれない。あたし頑張ってるよ。(中略)

　一緒にいたくなくて，1人になりたいと思った。もう怒られるのは嫌だったの。でも1人暮らしを始めてから，お父さんとも会う回数が減って，怒られなくなったからあたしのお父さんに対する気持ちも随分変わってきたよ。今でも怒られるのが恐いよ。お父さんは，あたしを見ていてくれない。あたしのことはどうでもいいんだという感覚は，ずっとなくならない」

第2信【私から母親へ】

「お母さんはお仕事でいつもいなかった。学校が終わって，家に歩いて帰ったら家にはお父さんもお母さんもいなかったね。ひいばあちゃんや，じいちゃん，ばあちゃんがいたから1人になることはなかったけど，お母さんにいてほしかったって今は思うよ。そしたら，宿題とかみてもらって，勉強とか教えてもらったのに……。

　お母さんはあたしに期待しすぎ。あたしは長女だからちゃんとしなきゃいけないとずっと思ってたよ。でも，Zはいろんなことを許してもらってた。そんなZがうらやましかったし，あたしにはさせてくれないお母さんが許せなかった。(中略)

　お母さんの望んだとおりにずっと頑張ってきたよ。お母さん，褒めてくれる？　頑張ったねって言ってくれる？　あたしはZみたいに周りの人になじめなかった。あたしなりに考えて，お父さんやお母さんが望むとおりに歩んできた。

　Zはよくて，あたしはダメなことたくさんあったけど，ずっと我慢して，お母さんの言うこと聞いてきた。今は，自分のしたいことをして自分では楽しい毎日を過ごしているけど，これはお母さんが望んでいたあたしじゃないよね。ごめんなさい」

【私から父親へ】の感想を尋ねると，少し考えてから「もっと書けるんじゃないかな。もっと言いたいことがあるような……」と言う。〈書いている間,

どんな気持ちになりましたか〉と問うと,「妹はいろいろと許されたのに,自分ばかりが叱られたことに対して,『なぜ私だけが叱られたんだろう』と疑問が浮かんだ」と語る。「一度,父親が言ったことに対して返事をしなかったことがあり,そのとき父親は新聞紙を破って怒ったことがあった。それ以外にも,いろいろなことがあったと思うけど,思い出せない」と考え込んでしまう。妹のことに話題が移り,「今は仲がいいですけど」と前置きし,「昔は喧嘩ばかりしていた。妹を叩いたりしていた。親への怒りを妹にぶつけていた」と続ける。

母親へのロールレタリングに話題が移ると,Hは「母親は私が1歳になる頃から仕事に出ていて,かかわってもらった記憶がない」「母親は時間に遅れることがよくあった。私の学校行事にもよく遅れて来た。しかし母親は,私が遅刻したらすごく腹を立てた。でもこの不満を直接,母親に言うことはなかった」と表情を変えずに語る。

あらためて2通のロールレタリングを書き終えた感想を尋ねると,「親に見られない安心感があった。文章にしてみて,『あらためてこんなことを考えていたんだ』ということがわかった」と言う。しかし「書いてよかったのかどうかという不安がある」と罪悪感があったことを正直に語る。

摂食障害の状況を尋ねると,Hは手帳を取り出し,自分が書いた記録を見ながら,「今週は食べることがなかったので,吐いていない。間食しかしていない。先週は5回,吐いた。そして,先々週は2回」と話す。Hは「一度病院に行ったときから,食べ吐きをする回数を正確に記録に取っているんです」と淡々と語る。

今回,パソコンでロールレタリングを書いたことに関して,Hは「パソコンだとうまく文を書けるから。途中で字を間違ったら最初から書き直すんです」と告げる。そこでCoは〈パソコンで書くと,きれいに書こうと考えて気持ちが途切れるかもしれません。手書きの形で感情の流れのまま書いてみてはどうですか。字を間違ってもかまわないので,書きなぐる感じで書いてください〉と助言する。そのうえで〈自分の気持ちが素直に出せることで摂食障害も改善されていく。そうなることを目標にしましょう〉と伝えると,Hは「そうなりたいですね」と初めて笑顔を出す。〈『そうなりたい』という気持ちをもつことが大切です。今の笑顔はよかったですよ〉と言うと,「何か,泣きそう

です」と涙をポロポロと流す。

【解説】第1信と第2信の両親へのロールレタリングで，Hは初めて両親への本音を表出している。まず父親に対して，妹と比較されて自分ばかり怒られたことに対する不満を書き，「怒られるのが恐いよ」と恐怖心を正直に記している。しかし最後に「あたしのことはどうでもいいんだという感覚は，ずっとなくならない」と「見捨てられ感」を吐露している。次に母親に対して，長女として我慢を強いられてきたことへの怒りと，「勉強とか教えてもらいたかった」「お母さん，褒めてくれる？」と愛情を希求する思いとの相反する感情を書き，最後は自分の現状について「これはお母さんが望んでいたあたしじゃないよね。ごめんなさい」と謝罪する形で終わっている。2通のロールレタリングに共通していることは，Hが両親に対して不満や怒りといった否定的感情や愛情を求めるといった本音を書きながらも，最後は見捨てられ感や謝罪といったネガティヴな内容で終わっている点である。面接でも語っているように，両親に対して否定的感情を出したことによってカタルシスを得るのではなく，Hは罪悪感を抱き，自分に対して否定的感情を強めているのである。

なお，今回の2通のロールレタリングにおいて気になる点は，Hがロールレタリングをパソコンで書き，文章も校正して，「きれいな文章を書かなければいけない」と思い込んでいることである。ここには「他者によく見られたい。完璧でなければならない」という，生き辛さを生みだす認知の片寄りがみられる。摂食障害の回数を正確に記録に残しているところにもHの几帳面な性格傾向がよく表れている。

パソコンで文章を記す方法は，スムーズに感情を出すことを抑制してしまうことになる。なぜなら，読み手が読みやすくなるように「思考」を働かせることになるからである。したがって，Coは手書きで「感情」の流れのままに書くように助言したのである。完璧主義は生き辛さを生む。誤字があってもいいから「書きなぐる感じ」で書くように指示した理由は，Hの完璧主義の考え方を修正する効果も期待したからである。

第2回　第3信～第5信（見捨てられ不安の吐露）

第3信【私から母親へ】

「思い出したことがあるんだ。あたしが吐くようになって，体調が悪くなったときに，お母さんに保険証を持っておきたいって言ったこと。きっとお母さんは，深く考えずにあたしに保険証を渡したんだろうね。お母さんは知らないだろうけど，すごく勇気が必要だったんだよ。

　それからどのくらいの時間がたったかわからないけど，あたしがリストカットするようになってからのこと。寂しくて，悲しくて，あたし誰かに支えてほしかったんだ。お母さんに気づいてほしかった。あたしが苦しんでいることを知ってほしかった。頑張って，お母さんに『あたし，精神科のある病院に行って来る』って言ったこと覚えてる？　二度と行かないと思っていた病院に行こうと思ったのは，自分をどうにかして変えたかったから。そしたらお母さんは『自分で自分がおかしいことわかってるんだ』ってあたしに言ったんだよ。どうしてそんなふうに言ったの？　あたしがどれだけ苦しんでいるかも知らないのに，何でそう言えたのかわからないよ。だから，家族にはすべてを隠そうって決めた。あたしは1人なんだって思った」

第4信【私から父親へ】

「お父さんとの記憶……，考えてるけどまだ思い出せない。小さい頃は，お父さんもお母さんも仕事だったから一緒にどこかに出かけたりすることはあまりなかったね。日曜日にお父さんが家にいることがなかったから，お父さんに遊んでもらったことはなかった。

　あたしは多分，お父さんからもっと愛されて育ちたかった。でもお父さんは怒るだけで，あたしを褒めたりすることはなかった。

　きっとお父さんから愛されてなかったから，あたしは他の人に異常なくらい愛を求めてしまうんだと思う。男の人と別れるとすぐに，他の人に愛してほしいと思ってしまう。誰かがあたしのことを好きでいてくれたら，あたしはそれでいい。自分の気持ちよりも，相手が自分のことをどう思うのかの方が大切。

第9章　事例8：ロールレタリングに抵抗感をもった摂食障害者の心理面接

あたし，ずっと男の人と話したくない時期があった。自分でもよくわからないけど，男の人がキライだった。高校生のときもイヤだった。お父さんが恐かったから，男の人をみんな恐いって思ってしまっていたのかもしれない」

第5信【私から彼へ】

「（前略）付き合って最初の頃，あたしは外食すらできなかったね。人に見られるのが嫌だった。あなたは『変わってるね』って言ってたね。外見は普通なのに，外食もデートもできないあたしの見た目と内面のギャップに驚いたよね。

あなたが冗談で『もっと痩せろよ』って言ったことから吐くのが始まった。食べた後の後悔があたしを苦しめた。一緒にごはんを食べても，あなたがお風呂に入っているときや眠った後に，こっそり吐いていたよ。あなたに認めてもらいたかった。あたしのことを考えてくれるのはあなただけだったから，あなたに見捨てられるのが恐かった。だから『吐かなきゃ』って考えた。

体重は5キロ減ったね。でも，自分は太っているっていつも思ってた。大学1年の頃はもっともっと太っていたのに，そんなに気にしてなかった。やっぱり，あなたに言われたから痩せなきゃ嫌われると思ったんだろうね。あのときあなたはあたしの生きる目標，希望だった。別れちゃったけど，吐くことだけが今もあたしを苦しめているよ」

まず，母親へのロールレタリングを書いた感想を尋ねると，しばらく考え込んでから「悲しかった。書くのがキツかった」と言う。書いた内容は去年の出来事で，「摂食障害のことを母親に言おうとしたが，否定的なことを言われたので，結局何も言えなかった」〈母親に何と言ってほしかった？〉「『気づかなくて，ゴメン』と言ってほしかった」と答える。さらに「母親は理想を押し付けてきた。私のことはどうでもよかったんじゃないかな。このロールレタリングを書いて悲しい気持ちになった」と続ける。

父親に対するロールレタリングについて尋ねると，「短時間で書けた」と言う。「自分で認めたくない部分を初めて書いた。言葉にするのはキツかった」「高校まで，父親は恐くて恐くて……。大学に入ってから父親と接する時間が

少なくなったからなのか，父親は優しくなった。しかし父親には甘えられなくて，男性との付き合いにのめり込むようになっていった。親に求めている愛情を男性に求めているような感じでした」と語る。

次に，付き合っていた男性に対するロールレタリングについて，「吐くきっかけになったので，書いてみた。懐かしい気持ちになった。彼のことを今はどうも思っていないし感情もないが，彼から『得たもの』があったから書いてみた。付き合っているときは楽しかったなあ，という感じ。両親へのロールレタリングに比べて，書きやすかった」と言う。

妹のことに話題が移り，「一番腹が立った時期は，妹と比較されていた高校時代のとき」と切り出し，「妹は自分の希望する高校に行けたのに，私は地元の高校に行かされた」と不満を隠さない。さらに「本当は大学に行かず，絵の専門学校に行きたかった。大学は，親が行けというから行くことにした。自分の性格を知りたくて今の大学に来たが，摂食障害になり，他人の目を気にすることもひどくなった。前より悪くなったと思う」と苦しい表情を浮かべる。

最後にHは「前回のロールレタリングはパソコンで書いたが，手書きの方がいいですね」と言い，「手書きの方がすぐ書ける。感情のまま書ける」と続ける。「でも字が汚いですね」と言うHに対して，〈キレイな字ですよ〉と言うと，「本当ですか」と笑顔になる。最後に，自分の思いがストレートに出せることを意図して，Coは〈高校時代のあなたに戻って本音を書いてみてはどうですか〉とロールレタリングの書き方について助言する。

【解説】第2回目の面接まで1ヶ月間空いたこともあって，Hは3通ものロールレタリングを書いてきた。まず第3信と第4信でHは，両親との間で起きた過去の出来事を回想するなかで，「あたしは1人なんだって思った」（第3信）や「お父さんから愛されてなかった」（第4信）と心の奥底にあった「見捨てられ感」をここでも露わにする。面接でも「私のことはどうでもよかったんじゃないかな」「悲しい気持ちになった」と語っているように，ロールレタリングを書くことによって，Hは否定的な思考と感情との悪循環に陥っている。また，第5信の【私から彼へ】でも，「見捨てられるのが恐かった」と記しており，両親に対して抱く感情を付き合っていた男性にも投影していること

が理解できる。面接では，妹と比較されて自分の意思が抑えられてきたことや大学生活の苦しみを語り，自己肯定感の低さがうかがわれる。なお，今回の3通のロールレタリングをHが手書きで書いたことで感情が出しやすくなっていることをHは実感している。これを感情表出の機会と捉え，Coは高校時代の自分に戻って本音を書くことで「吐き出し」の効果を期待した。

第3回　ロールレタリングに対する抵抗

「ロールレタリングが書けなかったから，欠席します」と面接前に連絡が入る。Coは〈書けなくてもいい。話し合うだけでかまわない〉と伝えたところ，「では，面接に行きます」との返事がある。

面接でHは「ずっとロールレタリングを書こうと思っていたが，書けなかった。自分が悪いと思ってしまう。親を責めることを悪いと思ってしまう」とロールレタリングに対して抵抗があることを正直に口にする。Coは，ロールレタリングで自分の本音を書くことは大変な作業であることを伝えたうえで，Hが書こうという気持ちになって頑張ったことをねぎらう。

先週はHが誕生日で，実家に帰ったときのことが話題になる。「買ってきた寿司をたくさん食べてしまった」と言って，食べ吐きをしてしまったことを報告する。「母親は仕事で11時過ぎに帰ってきた。だから先に父親と妹の3人で寿司をもくもくと食べていた」〈お母さんは何か言ってくれた？〉「多分，何も……。覚えていない」と首を傾げる。するとHは「本当はケーキが食べたかったんです」と言って，「母親が誕生日のとき，私は3,000円のケーキを買ってあげたんですよ」と目を輝かせる。〈お母さんを喜ばせようとしたんですね〉と言うと，「そうなんです！」と笑顔が出る。

〈もしロールレタリングを書くとしたら，どういう形なら書けますか〉と問うと，少し考えてからHは「『私はダメな奴』ということを書くでしょう」と答え，他人の目を異常に気にすることや，容姿のコンプレックスなど自己否定的なことを次々と語る。しばらく沈黙があった後，Coが〈頑張っていると思うことで何かありますか〉と尋ねると，Hは生活費を自分でかせいでいること，学費も奨学金をもらって何とかやりくりしていること，嫌な大学でも4年生までやってきたこと，そして今「摂食障害を止める」という目標を持って頑

張っていることを，一つひとつゆっくりと考えながら語る。Coが〈すごく頑張っていますね〉と評価すると，Hの表情が変わり「人に褒められたことがないから，恥ずかしい」と照れ笑いを浮かべる。そこで〈次回の書き方として，『理想の私』をイメージして，【理想の私から今の私へ】のロールレタリングを書いてみてはどうか〉と提案すると，Hも「それなら書けそうな気がします」と笑顔で了承する。

【解説】 3回目の面接で，ロールレタリングを書くことに抵抗があったことを正直に告げたHは，自己の否定的な面を強調する言葉に終始する。前回の面接の最後に，Coは本音を書きやすくするためにロールレタリングの書き方を助言したが，その意図とは反対にさらに抵抗を強める結果となったのである。いきづまり状態を感じながらもCoは，〈頑張っていると思うことで何か挙げられますか〉と視点を変える質問を行ったところ，Hは肯定的な面を語り始めた。それを踏まえて，Coは自己内対話（自分から自分へ）のロールレタリングを求めた。この方法は，葛藤の対象者に書くのではなく，自分自身との対話なので書きやすい課題であり，Hの肯定的側面に自ら気づかせることを目的としている。このことに関連して，面接で注目したい点は，CoがHの頑張りを評価したことに対して，Hが「人に褒められたことがないから，恥ずかしい」と語っていることである。幼少期から否定的なメッセージを受け続けて自己否定の思考パターンに陥っていたHが，自身の肯定的側面を自ら明確にし，自己肯定感を芽生えさせることが狙いである。

第4回　第6信～第7信（自己内対話によるHの心理的変化）

第6信【理想の私から今の私へ】
「あなたが言われたくない言葉。『頑張って』。そう言われることが大嫌い。あなた頑張ってるもんねぇ。頑張っている人に頑張ってと言うのってツラいことだよ。それ以上頑張らせてどうするの？　周りの人の軽率な発言があなたを苦しめていたね。言われるたびに悩んでいたね。
　あなたは十分頑張ってる。誰が認めてくれる訳でもないけれど，いつもすべて

のことに気を遣って生きてる。もう少しだけ楽に生きることができたなら，あなたの人生はもっともっとステキになる。自分のことだけ考えて生きることができたなら……。

　あなたの心のなかにあるピンとはった糸みたいなものが切れるのが恐い。ちょっとしたことで切れてしまいそう。その糸が切れないように頑張っているんだよね。

　本当は頑張ることから解放されたい気持ちでいっぱい。一生懸命に生きすぎてしまうから苦しい。解放という言葉が，どんな結果をもたらしてしまうかを私はわかっている。あなたの糸が切れてしまったら，どうなるかわかってる。私が一番あなたを知っている。自分を追いつめないでほしい。あなたの心はもろい。

　あなた，ちゃんと生きてるじゃない。それだけでいいんだよ。もう，無理しないでいい」

第7信【理想の私から今の私へ】

「何が恐いの？　どうしてそんなに周りのことを気にしてしまうの？　でも，気にしないようにしようとしてるもんね。自分は自分だって，いつも言いきかせようとしてるもんね。結果はいつも失敗だけど，あなたが少しでも周りを気にしたくないと思う気持ちがあれば，きっと大丈夫。いつか中途半端を受け入れることができる日が来る。そう信じてる。

　いつも思ってる。自分のことだけを考えられるようになれば……って。そしたら楽だよ。いつも一生懸命なのは疲れる。あなたのペースで生きればいい。誰かに見られてるのは気にしちゃダメだよ。周りがどう思うかなんて関係ない」

　今回のロールレタリングは紙にぐちゃぐちゃと書きなぐった文面になっており，数ヶ所を黒く塗りつぶして訂正してある。自分の書いたロールレタリングをしばらく見てから，Hは「書き始めて間違ってしまったら最初から書き直しをするタイプなのに，今回はそれを許すことができた」とうれしそうな表情を浮かべる。Coもそういう変化を「自分を受け入れるきっかけ」と捉えて称える。

ロールレタリングを書いた感想を尋ねると，「母親や父親に書くより，自分にあてて書いた方が書きやすかった。元気が出た。自分の目標を文章化することで，頭で考えるよりも具体的になった。クリアーになってすっきりした」と笑顔で語る。〈どんな自分になりたいですか〉と問うと，「気にしてしまう部分を直したい。中途半端を受け入れたい」と答える。そして「自分が周囲を気にしていることを知られないように過ごしている」と言った後で，「実は，今日は先生（Co のこと）に自分の容姿がどう見られているのか確認しに来たんです」と話す。〈自分では私にどう思われていると思いますか〉と問い返すと，「第一印象が悪い。太っているし，ブスだし……」と答える。Co は〈『印象もいいし，痩せている』と言っても，そうではないと言うんですよね〉と言うと，H は「はい」と苦笑する。〈自分のなかにある自己イメージを修正できればいいね〉と伝えると，H は素直にうなずく。

　最後に H は「実は，最近エステに行き始めたんです。美しくなろうとして」と前向きになってきたことを報告する。こうした行動の変化も称えたうえで，Co は〈『キレイになった私』を想定して，ロールレタリングを書いてみてはどうですか〉と言うと，H は笑いながら「やってみます」と応じる。

【解説】第 6 信には，書き出しから「あなたが言われたくない言葉。『頑張って』。そう言われることが大嫌い」と素直な不満感情を出せている。さらに「あなたは十分頑張ってる」と自分に対して励ますだけでなく「もう少しだけ楽に生きることができたなら，あなたの人生はもっともっとステキになる」と助言し，さらに「もう，無理しないでいい」といたわりの言葉で文面を締めくくっている。「励まし」「ねぎらい」，そして「いたわり」といった言葉を自分自身にかけることによって，新しい思考パターンを自己のなかに取り入れることができるとともに，「自分は十分頑張っている。私はダメではない」と自己受容し始めている。第 7 信の【理想の私から今の私へ】では，「自分は自分だって，いつも言いきかせようとしてる」や「あなたが少しでも周りを気にしたくないと思う気持ちがあれば，きっと大丈夫」とあるように，H が不安定な気持ちを自己コントロールしようと努めていることが理解できる。最後は「誰かに見られてるのは気にしちゃダメだよ。周りがどう思うかなんて関係ない」

と自らに言いきかせる文章で締めくくっている。このように,「理想の私」と「今の私」との自己内対話をくり返すことによって,Hは否定的な思考パターンを自ら修正している。まさに,ロールレタリングによるセルフカウンセリングの効果である。また,この日の面接で明らかになったことは,これまで文章を丁寧に書いてきたHが,感情のまま書きなぐった文章(ロールレタリング)を自己の成長として受け入れている点である。すなわち,完璧主義であったHが「不完全でもかまわない」という考え方に変わりつつあるのである。面接で,Hが「自分の目標を文章化することで,頭で考えるよりも具体的になった。クリアーになってすっきりした」と語っているように,カタルシス効果もみられる。

第5回 第8信~第9信(自己肯定感と母親に対する愛情確認)

第8信【今の私からキレイになった私へ】

「エステに通い始めて,少しだけ自分に自信がついたというか……,何て言えばいいのかわからないけど,ちょっとだけキレイになったと自分自身を褒めてあげられます。自分のためにお金を使ってキレイになるのって,すごく楽しい。どれだけのお金を使ってでも,あたしはキレイになりたい。

前のあたしは整形したいとばっかり思ってた。今のあたしも,まだそんな考えを持ってる。でも,未来のあたしは,あたしのすべてを受け入れていると思う。キレイになった分だけ自信がつくんじゃないかなあ? そう期待してる」

第9信【母親から私へ】

「お姉ちゃんは長女だし,お母さんにとって初めての子どもだったから,ちゃんと育てなきゃいけないと思っていたんだよ。だからお姉ちゃんにはちゃんと勉強してもらいたかったし,大学卒業という学歴を与えたかった。おばあちゃんたちと同居していた頃はお母さんも辛くて,お姉ちゃんに当たっていたのかもしれない。ごめんね。近所の人たちの目もあったから,お姉ちゃんに期待しすぎていたのかな。

> お姉ちゃんもあっというまに22歳になりましたね。立派な大人です。お母さんがあなたの人生を決めようとしている訳ではありませんが，お母さんはお姉ちゃんのことを心配しています。だから，口うるさく言うのだということをわかっておいて下さい。
>
> お母さんはあなたたちの幸せを願っています。お姉ちゃんが，自分で決めた道を歩んで行くことに心配もしていますが，応援もしています。お母さんが自慢できる素敵な子どもたちでいて下さい」

　最初にHは，数日前に祖父が亡くなったことを報告する。「祖父の死を聞いたとき，一時的にパニックになったが，バイト先の友人が真剣になって励ましてくれた。そこまで考えてくれるとは思わなかった」と友人の支えもあって危機を乗り越えたことを語る。今は本を読んで呼吸法を取り入れて，自分を落ち着かせることもできるようになったという。

　ロールレタリングの感想を尋ねると，まず【今の私からキレイになった私へ】について，「肌が落ち着いていて，いい状態にあるときを想像して書きました。自分のなかで少し気持ちが変わっていることを感じます」と言う。さらに【母親から私へ】では，「書けたことがうれしかった。書こうとしても，ずっと書けなかったことだったから」と笑顔で語る。ここでHは，アルバイト先の友人との間で起きたトラブルを話題にして，「嫌なことを言われた。それで『自分はダメだ。バイトを辞めてしまいたい』と，いつもの『ゼロか百か主義』になってしまった。でも次の日に他の友人が私を励ましてくれた。『他にも私のことを理解してくれる人がいる。そう考えればいいんだ』と思えるようになった」と言う。〈すごい成長ですね。そのように少しずつ自分の認知を変えていければいいですね〉と伝えると，Hは再び笑顔で応じる。

【解説】面接で，最初に祖父の死が報告されるが，その際友人の支えがあってHは精神的危機を乗り越えられている。Hの心のなかの葛藤がある程度処理されていたから，友人の励ましがスムーズにHの心に届いたのである。自ら呼吸法を取り入れて，気持ちを落ち着かせるように自己コントロールできている点も注目すべき行動の変化である。さらにHは友人とのトラブルを話題に

しているが，これまでなら「ゼロか百か主義」になって極端な考え方をしてしまうところが，「他にも私のことを理解してくれる人がいる。そう考えればいいんだ」と「認知の再構成」もできている。ロールレタリングによって得られた自己認知の変化が日常生活にも反映されているのである。認知が変わると，それにともなって行動も変化してくるものである。Hは「エステに通う」という前向きな行動がとれるようになり，そのことを踏まえて書かれたロールレタリングが第8信【今の私からキレイになった私へ】である。とくに「自分自身を褒めてあげられます」と素直に書いたことは，褒め言葉を言われること自体に照れがあったHにとって，大きな変化である。そして「あたしはキレイになりたい」と本音を書き，「キレイになった分だけ自信がつくんじゃないかなあ？ そう期待してる」と将来の自分に肯定的なイメージさえもつことができている。素直に欲求を出すことの快感を実感し，それによって自己肯定感さえ高まっていると考えられる。

こうした過程を経て，最後に書くことができたのが，第9信の【母親から私へ】のロールレタリングである。この課題は，Coが求めたものではなく，Hが自ら選択して書いたものである。文面には，母親の立場に立って，愛情をもってHを育てたことや長女として期待をかけすぎたことに対する謝罪の気持ちを素直に書いている。面接で語っているように，今回のロールレタリングはHが書こうとしてもずっと書けなかった文面であり，実際に母親に言ってもらいたい言葉であった。自己内対話で自己受容できるようになったHは，最後のロールレタリングを書くことで母親から愛されていることを自己確認することができた。母親に対する葛藤がすべて処理されているとはいえないが，この時点でHは母親と心理的に和解できている。

第6回　行動の変容

明るい表情で面接に現れる。「先週祖父の墓参りをするため，実家に帰った。そのとき，母親に過食症やリストカットをしていたことなど，すべて話してみた。母親はすごく私のことを心配してくれて，それからメールが頻繁に入るようになり，『実家に帰っておいで』などと言ってくれるようになった。そうしたことがうれしかった。母親に全部話してよかった」と言う。CoがHの行動

の変容を称えると，Hは「今まで（問題行動を）隠そうとばかりしていた。これまでは，『隠そうとする自分』と『気づいてほしい自分』という『2人の自分』がいた。今は隠す必要がないので，すごく気持ちが楽です」と語る。あらためてCoは〈よく言えましたね。頑張りましたね〉とHのとった行動を支持する。

Hは「書くことで発散できた。自分の頭のなかだけで思っていたことを書いて，読み返したりして，すごくすっきりした。ロールレタリングをしてすごくよかったです」と笑顔で答える。まだまだ面接を継続する必要性を感じながらもCoは，卒業間近になり，主訴が改善されたこともあって，面接を終了することにした。

卒業式を目前に控えたある日，HがCoのところにやって来る。Hは「この半年間で私は変わったと思います。まだまだ不安なところもありますが，1人で抱え込まずに生きていきたいと思います」と謝意を述べる。

【解説】第9信で母親に対する素直な思いを書けたことによって，Hには大きな行動の変容が起きている。すなわち，これまでどうしても言えなかった自分の問題行動を母親に話したのである。この行動の変化は，事例3の女子学生と共通するものである。抑圧していた感情を外に出すことで，クライエントは自分の言いたいことを直接相手に伝えたくなるのである。結果として，本事例においても，母親から愛情のある応答があり，Hは精神的に安定し主訴も改善された。最後にHが「1人で抱え込まずに生きていきたいと思います」と自分の気持ちを解放することの大切さを語っていることも見逃せない心の成長である。

人は誰もが「理想の私」や「今の私」など自己に対する多様な見方や考えをもっている。こうした自己内の二つの立場に立ったロールレタリングならば，あまり抵抗なく自分の心のなかにある気持ちを出せるので，日頃表現できにくい本音を書きやすい。自己内対話のロールレタリングによってHは，カタルシス効果を得て認知や行動を修正し，自分の人生にとってどんな生き方をすることが大切であるのかを心から理解できたと思われる。

第 **3** 部

事例のふり返りと
ロールレタリングの効果的活用

第10章

ロールレタリングの効果的な活用

第1節　事例のふり返り

●ロールレタリングの基本的な流れ

　第2部の事例をみるとわかるように，摂食障害，解離的なケースやアパシーといった深刻な心の病理であれ，誰にでもあり得る親子関係の問題であれ，ロールレタリングに書かれた内容には基本的な流れがあることが理解できる。すなわち，これまで言えなかった本音の吐き出しから始まり，それによって自己洞察や他者理解を深めるとともに自分と相手を受容し，最後に主訴が改善するという心理過程をたどっている。心の問題が大きいか小さいかは個人の問題であるので単純に比較できないが，クライエントがロールレタリングに書く内容と，それにともなって変化する心の流れには共通したものがある。事例8のみ異なった心理的変化をたどっているが，最後はクライエントにとって最大の葛藤の対象者であった母親へのロールレタリングを書いている。その点では，事例8のクライエントも紆余曲折しながらも最後は自分の内面の問題と向き合っている。したがって，支援者の立場からいえば，クライエントへの対応のあり方は，健常な人であれ，深い心理的問題をもった人であれ，大差はない。ロールレタリングに本音を書いたクライエントをしっかり受容し，ときに助言を交えながら，書く気持ちに寄り添うことが必要である。

　しかし，個々の事例をふり返ると，基本的な流れはあるものの，クライエン

トの「心の開き方」は多様であることがわかる。事例1の摂食障害のAと事例2の父親に葛藤のあるBは，最初からストレートに否定的感情を書くことができている。事例3の母親に葛藤のあるCは，「寂しさ」という感情から書き始めている。この事例も，「寂しさを受け入れてもらえなかった思い＝相手に望むこと」という点で，これも否定的感情の表出と捉えることができる。本音を書くことで，その後は少しずつ自然な形で不満を出せるようになっている。事例4の解離的な問題を抱えたDは，心のなかの3人の人物との対話を行うことによって，最後は母親への不満や怒りを吐き出している。事例5のアパシー青年のEは，最初から直接の葛藤の対象者である「母親」ではなく，「アルバイト先の店長」にロールレタリングを書いているが，それがきっかけとなって，母親との関係が自分の本質的な問題であることに気づき，第3信で母親に対する否定的感情を思いのたけ吐き出している。事例6の対人関係で悩んでいたFのみ，肯定的感情から書き始めたケースであるが，普通の人にとっては当たり前のことを「書くこと」で初めて言語化したことで，最後は素直さを取り戻している。事例7は，カウンセラーを目指す女子学生Gの事例であるが，自分をふり返ることで，封印していた過去のいじめを想起し，いじめた相手に怒りを吐き出すことから始めて，最後は母親との問題を整理している。この事例を通じて言いたいことは，支援を志す者なら誰もが一度はロールレタリングを行ってもらいたいということである。他者の支援を志す者であるならば，自己理解を深めることは不可欠だからである。最後の摂食障害の事例は，ロールレタリングを書き始めてから抵抗感があり，いきづまったケースであるが，Hは自己内対話を行うことで，最終的に母親の問題と向き合い，自己肯定感をもつに至っている。以上のように，第1章で述べたように，マニュアルというものは存在しないが，ロールレタリングを実施する場合に基本的に共通することはそれまで言えなかった思いを「吐き出すこと」がポイントであることは押さえておきたい。

　ところで，すべての事例を読むと，クライエントは内面の深い内容を表現しているにもかかわらず，カウンセラーに否定的感情や肯定的感情を直接ぶつけていないことがわかる。いわゆる，転移の問題が起きていないのである。通常の面接であれば，クライエントが内面の深い内容を語れば，カウンセラーに対

第10章　ロールレタリングの効果的な活用

して何らかの感情をぶつけてくることがある。しかしロールレタリングでは，そうしたことがほとんど起こらない。ロールレタリングは，クライエントが1人の時間をつくって自分の思いを紙に書き出していくという方法だからである。カウンセラーに対して感情を吐き出すのではなく，真っ白な紙に向かって自分と向き合うから，クライエントはロールレタリングを書いているときカウンセラーの存在を意識しない。カウンセラーの存在は必要であるが，ロールレタリングがセルフカウンセリングの側面を持っている利点はこうしたところにも表れている。

　そして，ロールレタリングは手紙という形で手元に残るので，クライエントは自分の書いた文章を何度も読み返すことができる。カウンセラーがコメントを書いて返せば，コメントによってクライエントはカウンセラーに支えられている実感を常にもつことができる。これもロールレタリング独自の効用である。クライエントは，1回の面接が終了して，次回の面接までの間に，ロールレタリングを通じて，自分の書いたロールレタリングの内容やカウンセラーとの面接をふり返りながら，次の課題に取り組んでいくことになる。ロールレタリングを用いた面接を行っている間，安全な形でクライエントは深い体験をするので，短期間でありながら凝縮された時間を過ごすことになる。

●ロールレタリングを活用するカウンセラーの力量と存在の重要性

　ロールレタリングにかぎらず，心理面接を行う者にとって，自らの面接の力量を高める必要があるのはいうまでもない。しかし他の心理療法と異なる点として，ロールレタリングは「書く」という行為がともなう。したがって，カウンセラーには，クライエントが書いた文章を深く読み込み，クライエントの悲しみや苦悩，辛さや寂しさなどクライエントの内面の心理を読み取る臨床力が必要になる。また，クライエントが書いたロールレタリングにどのように応答するのかも重要である。たとえば，クライエントが「親友のことが大嫌いになった」と書いた一文に対してコメントを返すとなれば，「しんどい思いをしたのですね」と受容するのか，「どんなことがあったのですか」「どうしてそんなに嫌いになったのか教えてくれませんか」などと質問するのか，「嫌いになったことは，お母さんとのことが関係しているのかもしれませんね」とやんわり

と解釈するのかなどさまざまな応答の仕方がある。こうした応答は、前後の文脈やそれまでのロールレタリングや面接の流れとも関係してくるので、そのときのクライエントに一番適切な応答をすることをカウンセラーは考えることになる。応答の仕方を考えることは、カウンセラーの臨床に対する力量を高めることにもなる。ロールレタリングを通じて、カウンセラーは支援をしているのであるが、同時にカウンセラーとしての力量を高める機会を与えてもらっているともいえる。

　そう考えると、ロールレタリングを実施する場合に一番下手な方法は、クライエントの心理的変化を考慮しないで、マニュアル通りにロールレタリングを書かせっぱなしにすることである。書かせるだけにして何のフォローもしなければ、クライエントの心の傷を深めることにもなりかねない。開いた傷を開きっぱなしにして放置しておくことと同じだからである。ロールレタリングはセルフカウンセリングの一技法と捉えられてきたこともあって、これまで支援者のかかわりという点が軽視されてきたきらいがある。怪我をしたら傷口を手当てするように、心の傷を開いてくれたクライエントに対しても心の傷を治療しなければならない。本書の事例をみても、ロールレタリングは1人で行うことはできない。確かにクライエントは自ら内面の問題と向き合ってさまざまな効果を実感しているので、ロールレタリングはセルフカウンセリングであるという見方ができる。しかしカウンセラーが支えているからこそ、クライエントの心に自らの心の傷を治す意欲が生まれるのである。ロールレタリングを心理面接に導入するに当たり、あらためて支援者の存在の重要性を強調しておきたい。

●ロールレタリングの基本的な考え方を通常の面接に活かす

　筆者は、ロールレタリングを用いた心理面接を行っているが、いつもこの技法を取り入れているわけではない。通常は対面式でクライエントの話を傾聴する面接を行っているが、心理面接を行うなかで、葛藤の対象が明確になったうえで、ロールレタリングが使えると思ったクライエントにロールレタリングを導入している。ここで筆者が強調したいことは、ロールレタリングを用いることでクライエントの主訴が改善されていく過程は、通常の対面式の面接におけるクライエントの心理過程と大差はないということである。通常の面接では

「書く」という行為はともなわないが，クライエントがそれまでに言えなかった本音を言葉で表現することによって自己理解と他者理解を得て，自分も他者も受容していくプロセスは，ロールレタリングによってクライエントが回復していく過程と同じである。すなわち，吐き出しから始まって，自己と他者理解，そして自己と他者を受容していくという心理的変化である。もちろんロールレタリングを行えば，クライエント自らが内面の問題と向き合って深い洞察が得られるので，通常の面接と比べると短期間で終結する場合が多い。通常の面接の方が時間を要するかもしれないが，主訴が解決していく過程は同じである。

本書を通じて，筆者はロールレタリングが心理面接に活用できることを伝えてきたが，「どんなケースでもロールレタリングを使ってみましょう」と提言しているわけではない。ロールレタリングを使わなくても，クライエントの主訴が改善していくためには，どういったことが必要であるのかを，ロールレタリングの事例を通じて多くの支援に携わる方に知っていただくことが願いである。ロールレタリングの根底に流れる理念を理解していただけるだけでも，通常の心理面接のヒントになるものがあると考えている。

第2節　集団指導と矯正教育におけるロールレタリングの活用

●集団指導へのロールレタリングの導入

本書では心理面接にロールレタリングを導入した事例を紹介してきたが，集団指導にもロールレタリングは活用できる。ただ，大きな違いは，心理面接は個人を対象にしているのでクライエントの心の動きが理解できるが，集団指導になると，全員の心の動きを把握することはほとんど不可能である。そこに，この技法を集団指導に導入するうえでの課題がある。

しかし，ロールレタリングを実施するに当たって，個人の心理面接に当てはまることの大部分は集団指導への導入にも当てはまる。何より大切なことは，指導者と集団との間に信頼関係ができていることである。学校を例に挙げれば，日頃の教師と子どもたちとの関係が良好なものでなければ，子どもたちは心を開いてロールレタリングに取り組む気持ちにはなれないだろう。「この先生にだったら，本当の気持ちを書いてみよう」「先生の話を聞いてみると，面白そ

うだな。ロールレタリングを書いてみよう」といった思いを子どもたちがもてることが必要である。

　次に重要なこととして，いかに書きたい気持ちにさせるかである。つまり，ロールレタリングに取り組むための動機づけである。「これからロールレタリングを始めます。では，お母さんに書いてください」と言って，書ける者もいるかもしれないが，どのように書いていいかとまどう人がいるだろう。とくに母親との関係がうまくいっていない人にいきなり「母親への手紙」は書きにくいことは容易に想像できる。しかし本当はそういう人にこそ母親へのロールレタリングを書いてほしい。なぜなら，母親との葛藤をもったまま誰にも悩みを言えずに生活しているのであれば，そういう人は苦しみを1人で抱え込んでいるからである。

　書きたい気持ちになるためには，なぜロールレタリングを書くことが大切なのかを説明したい。それは，第1章で述べたように，「心のウンチ」のようなたとえを話してもいいだろう。具体的には，「私たちは毎日ウンチを出して，すっきりします。身体のなかにたまったモノを外に出さないと体調が悪くなるからです。心だって同じです。嫌なことがあったり，モヤモヤしたことがあったりしたら，それを外に出さないと，いつまでたってもすっきりした気持ちになりません。そうした心のなかのモヤモヤを外に出すことを『心のウンチを出す』と私たちは言っています。ロールレタリングでは，心のウンチを紙に書いて，すっきりするのです」と説明してみるのである。

　そのうえで，個人面接の場合と同様に，ロールレタリングの書き方を説明する。つまり，「話し言葉で書いてください」と言えばよい。ここでも，具体的に例を挙げて説明する方が子どもたちにとってわかりやすい。たとえば，「昨日，先生は○○さんに嫌なことを言われました。だから，ロールレタリングで『○○は何であんなことを言ったの！　あのとき僕はとてもくやしかったよ』という感じで書き出します」とか，「ある生徒が，『先生の授業はとても面白いから，先生が大好きです』って言ってくれました。だから，ロールレタリングで『△△君，ありがとう。あのとき先生はうれしくて涙が出そうになりました』と書きます」と説明する。このように，ロールレタリングでは，自分の素直な気持ちを書いて，心のなかにある感情を出すことを大切にすることを伝え

たい。

　また，ビデオ教材などを使って，視覚に訴える方法も効果的である。ドラマやドキュメンタリー番組などを使って，登場人物の立場になって相手に訴えてみるという方法も有効である。自分自身のことを書くことはできなくても，登場人物の立場になって書くことにはあまり抵抗感をもたないものである。そして，登場人物の気持ちになって書いているうちに，実は自分のことを考えることになるのである。すなわち，投影である。この方法は，ロールレタリングを書くことへの抵抗が少ないにもかかわらず，得られる効果が大きいという点ではお勧めである。さらに，学校教育では，国語の教材で，いろいろな人の立場に立って，対話をするという方法も効果的である。ある小学校の先生の実践では，【私から担任の先生へ】とか【壊される校舎から私へ】（ロールレタリングをしていたときに，校舎の建て替えがあった）といった課題を与えたところ，児童たちは皆熱心に取り組み，だんだんと友だちや親をテーマに書くようになったケースがある。このように，ちょっとした工夫でさまざまな形でロールレタリングが集団指導に活用できる。

　ところで，集団指導にロールレタリングを活用する指導者は，書いたロールレタリングの扱いについて，「まったく読まない」という立場の人と，書き手に「読んでもいいですか」と確認してから読む立場の二つに分かれている。どちらの立場もそれぞれ長所と短所がある。読まないと約束した場合，書き手は誰にも読まれないという安心感をもてるが，これでは指導者からのフィードバックが得られない。一方，読むということを告げた場合，書き手は本音を書けないといったことが起こることが考えられる。しかし本音を書いたら，指導者は書き手に何らかの応答をすることができ，個人的な支援をすることも可能になる。もちろん「読まないでほしい」という書き手に対しては読まないことを約束するが，筆者は支援者としてロールレタリングを活用したいと考えているので，基本的には「読んで，コメントを返す」という立場に立っている。指導者と書き手との間で信頼関係ができていれば，書き手は本音を書くことができる。また，書き手は指導者に対して，「自分のことをわかってほしい」と思って，心を開いている。安心して心を開き，それに対して受容的なコメントを返すことで，ロールレタリングが深まっていくのである。

第3部　事例のふり返りとロールレタリングの効果的活用

●矯正教育へのロールレタリングの実施方法の見直し

　30年以上前に矯正教育の現場で開発され発展してきたロールレタリングは，現在すべての少年院で活用されているにもかかわらず，実践の成果が上がっていない。その理由として，すでに述べたように，初めてロールレタリングを実施した和田が作成したマニュアルが踏襲されている点が課題であると筆者は考えている。往復書簡というパターン化した使い方にともない，ロールレタリングが被害者感情を理解させようとするあまり「反省」を求める使われ方をしているところに課題がある。

　しかし，現状の実施方法を見直すことによって，ロールレタリングは矯正教育において確実に効果を発揮する技法である。それは原点に戻れば，明らかである。原点とは，人吉農芸学院において和田が初めて実践した事例である。仮退院を前に義母の引き受けを断られて荒れる少年が義母に対して否定的感情を吐き出して気持ちが落ち着いたところに，心理療法としてのロールレタリングの効果が如実に表れている。すなわち「吐き出しによるカタルシス効果」である。

　筆者は成人が収容されている刑務所で心理面接を行ったり改善指導の講師を務めたりしているが，本書で解説したロールレタリングの実施方法によって，受刑者は更生の道を歩んでいる。健常な人も心の病をもったクライエントであっても，殺人を犯した受刑者や薬物を使用した受刑者であっても，ロールレタリングを用いて回復していく過程は基本的に同じである。すなわち，ネガティヴな感情の吐き出しから始まり，自己と他者を理解し，自己と他者を受け入れていくという心の流れである。殺人を犯した受刑者であれば，自分の心の奥底にあった根深いネガティヴな感情を吐き出すことによって，初めて心から被害者のことを考えられるようになる。意外に思われるかもしれないが，受刑者のなかには，殺人をした被害者に対して，反省するどころか不満をもっている者が少なくない。「あいつがいなければ，俺はここにはいないのに」「あいつが喧嘩を吹っかけてきたから」などと被害者に対して不満を抱いているのである。しかし普通は，殺人をした受刑者が被害者に対して不満を言うことなど許されない。受刑者自身も口に出してはいけないと思い込んでいる。心の奥底に不満が根深くある受刑者に対して，被害者の苦悩だけを考えさせて，反省に導く方

法は有効であるとは思えない。まずは本音,すなわち被害者への不満があれば,それを吐き出すことから,自分の内面と向き合える。吐き出しによって自分のことを理解し,他者である被害者のことも理解できるようになる。本当の反省や謝罪というものは,自分の内面と向き合った結果として自然と生まれてくるのである。その意味で,最初の段階から反省や謝罪を求める方法は,表面的・形式的なものになりがちである。心からの反省や謝罪は,心のなかを大掃除できた後,最後に心の奥底から芽生えてくるものである。そして,心のなかの大掃除の方法として,矯正教育でロールレタリングが活用されることで,この技法本来の効果が発揮されるのである。

　マニュアル通りに「自分から相手へ」と書いたら「相手から自分へ」という往復の書簡を何度もくり返す方法は,見直す時期に来ている。また,相手の立場に立たせて,相手の立場を考えさせようとする方法もあらためたい。迷惑をかけた者や被害者の苦悩を理解させようとして,早い段階から親や被害者の往復書簡をすることは,表面的な反省や謝罪だけの文章になり,内面を深く考える機会を奪っていることにもなる。原点に立ち返り,「吐き出し」の効果を重視してロールレタリングが活用されることを望みたい。

おわりに

　本書を執筆しようと思ったのは，筆者がロールレタリングの研修会の講師を務めたり学会や研究会などで事例を発表したりする際に，ロールレタリングでクライエントが変化していく過程に関心をもたれた方々から「ロールレタリングを実施するための解説書はありませんか」と多くの問い合わせがあったことがきっかけである。ロールレタリングは実践が先行されて，具体的な実施方法については，それぞれの実践者が自分のやりやすい方法で行ってきた。そうした背景もあって，使い方次第でロールレタリングは心理面接において効果的な心理技法となるにもかかわらず，あまり世に広まることはなかった。そうしたなか，旧態依然としたマニュアルを踏襲した方法が用いられ，実践の成果が積み重ねられてこなかった。結果として，「往復書簡」という形にこだわって，「自分から相手へ」と書いたら，次は「相手から自分へ」のパターンで実施し，うまくいかなくなって挫折したという声を筆者は多く聞いてきた。そうした現状を案じたこともあって，ロールレタリングを実施するときの「基本的な考え方」を著したいとの思いで，本書を執筆したのである。

　実は，第1章の最初に紹介した摂食障害の女子高生が書いた【私から母親へ】のロールレタリングも，筆者がこの技法を学び始めたときの事例で，第1信を書いた後，筆者は女子高生に【母親から私へ】の手紙を書くことを求めたのである。筆者の知識と経験不足のため，「往復書簡でないといけない」という思い込みがあったからである。しかし女子高生は母親からの手紙を書くのではなく，引き続き母親への否定的感情を書き続けた。このとき筆者は「往復書簡」の形にこだわらず，否定的感情の「吐き出し」を中心に展開する方が有効ではないかと気づいたのである。以後，筆者の臨床現場は大学相談へと移っていったが，本書のクライエントが書いた内容のように，否定的感情を吐き出すことが効果的なロールレタリングの活用方法であると，事例を積み重ねるにつれて確信をもつに至った。現在は，成人の受刑者にもこの技法を用いているが，やはり「吐き出し」という視点で導入することが，更生に導くために有効であることを実証してきた。くり返しになるが，健常者であれ，高校生や大学生の

悩みであれ，犯罪を起こした受刑者であれ，心の悩みの回復や更生は同じような過程をたどっていくのである。クライエントの書きたい気持ちに寄り添って「吐き出し」を中心に展開していくという基本的な考え方でロールレタリングを導入すれば，この技法は有効な心理技法として活用できる。

　現在，カウンセリングの技法にはさまざまなものがある。海外から輸入した新しい方法も次々と導入されている。携帯電話やパソコンなど新しいツールが生まれているなか，手紙という古くからある媒体を使ってケアをするロールレタリングは，ある意味，新鮮な技法ともいえる。とくに人前で本音を語ることに慣れていない日本人にとって，この技法は自分の悩みを解決するだけでなく心の健康を保つためにも打って付けである。さらにいえば，世界中の誰もが一度は手紙を書いた経験はあるだろう。その意味で，日本生まれのロールレタリングは海外のクライエントにも活用できるのではないだろうか。現在日本で行われている心理療法の技法は海外からの輸入のものが大半を占めているが，ロールレタリングは海外に発信できる技法にもなり得ると考えている。

　最後になりましたが，本事例のクライエントの皆さまには，事例の公表を許可していただいたことに大変感謝しております。筆者を社会人大学院において指導してくださった武庫川女子大学名誉教授の小林剛先生には，初めてロールレタリングに接する機会を与えていただき，さらにロールレタリングを学ぶうえでの支援者の基本というものを教えていただきました。厚く感謝いたします。そして，何よりロールレタリングの実践について時間を惜しまずくり返しご教示くださった奈良少年刑務所の竹下三隆先生には，心から感謝しております。さらに，ロールレタリングを体系化し世に広めた春口徳雄先生と初めてこの技法を実施した元人吉農芸学院の和田英隆先生にも大変お世話になりました。その他にも，多くの方々のご支援とご指導のおかげで本書を完成させることができました。ここに厚くお礼申し上げます。最後に，本書を出版するにあたり，企画段階から編集，校正等，最後までお世話になった金子書房の岩城亮太郎氏に心よりお礼申し上げます。

　本書を読んで，1人でも多くの支援に携わる方々がロールレタリングに関心をもっていただき，さまざまな臨床現場でこの技法が活用されることを筆者は願っている。

参考文献

あゆ報道班（2001）：浜崎あゆみの秘密，データハウス
Dusay, J.（1977）：*EGOGRAMS: How I See You and You See Me.* 新里里春（訳）（1980）：エゴグラム―ひと目でわかる性格の自己診断，創元社
法務省矯正局編（2009）：矯正教育テキスト　ロールレタリング，矯正協会
藤岡淳子（2006）：性暴力の理解と治療教育，誠信書房
藤岡淳子編著（2007）：犯罪・非行の心理学，有斐閣
石川義博（2007）：少年非行の矯正と治療―ある精神科医の臨床ノート，金剛出版
笠原嘉・山田和夫編著（1981）：キャンパスの症状群―現代学生の不安と葛藤，弘文堂
笠原嘉（1997）：新・精神科医のノート，みすず書房
河合隼雄編著（1998）：学生相談と心理臨床，金子書房
香山リカ（2004）：生きづらい〈私〉たち，講談社
小林哲郎・杉原保史・高石恭子（2000）：大学生がカウンセリングを求めるとき―こころのキャンパスガイド，ミネルヴァ書房
倉戸ヨシヤ編著（1998）：現代のエスプリ（ゲシュタルト療法），至文堂
倉戸ヨシヤ編著（2006）：現代のエスプリ（エンプティ・チェアの心理臨床），至文堂
倉戸ヨシヤ（2011）：ゲシュタルト療法―その理論と心理臨床例，駿河台出版社
黒川昭登（1978）：非行をどのように治すか，誠信書房
黒川昭登・上田三枝子（1998）：摂食障害の心理治療，朱鷺書房
松岡洋一・小林剛編著（2007）：現代のエスプリ（ロールレタリング），至文堂
Miller, A.（1980）：*Am Anfang war Erziehung.* 山下公子（訳）（1983）：魂の殺人，新曜社
百武正嗣（2004）：エンプティチェアテクニック入門，川島書店
百武正嗣（2009）：気づきのセラピー，春秋社
岡本茂樹（2003）：ロールレタリングに関する臨床教育学的研究，風間書房
岡本泰弘（2007）：実践"ロールレタリング"，北大路書房
野上芳美編著（1998）：摂食障害，日本評論社
Pennebaker, J. W.（1997）：*Opening Up: The Healing Power of Expressing Emotions.* 余語真夫（監訳）（2000）：オープニングアップ―秘密の告白と心身の健康，北大路書房
Perls, F. S.（1973）：*The Gestalt Approach & Eye Witness to Therapy.* 倉戸ヨシヤ（監訳）（1990）：ゲシュタルト療法―その理論と実際，ナカニシヤ出版
新里里春（1992）：交流分析療法―エゴグラムを中心に，チーム医療
杉田峰康（1976）：人生ドラマの自己分析―交流分析の実際，創元社
杉田峰康（1988）：教育カウンセリングと交流分析，チーム医療
杉田峰康（1985）：交流分析（講座サイコセラピー8），日本文化科学社

参考文献

杉田峰康（監修）・春口徳雄（1987）：ロール・レタリング入門（役割交換書簡法），創元社

杉田峰康（監修）・春口徳雄（1995）：ロール・レタリングの理論と実際，チーム医療

鈴木乙史・佐々木正宏・吉村順子（2002）：女子大生がカウンセリングを求めるとき―こころのキャンパスガイド，ミネルヴァ書房

東京大学医学部心療内科編著（1995）：新版エゴグラム・パターン― TEG（東大式エゴグラム）第2版による性格分析，金子書房

和田英隆（1991）：矯正施設における役割書簡法の指導手引の整備，矯正研修所紀要，6　矯正協会

JASRAC　出1207524-402

著者紹介

岡本 茂樹（おかもと・しげき）

　1958年兵庫県生まれ。武庫川女子大学大学院臨床教育学研究科博士課程修了（臨床教育学博士）。高等学校教員を経て，兵庫県や大阪府の教育委員会が設置した教育センターにおいて，不登校，非行や神経症などの臨床経験を積む。現在，立命館大学産業社会学部教授。大阪刑務所のスーパーバイザーと熊本刑務所の篤志面接委員として，受刑者の更生支援に携わっている。日本ロールレタリング学会理事長，日本ゲシュタルト療法学会理事，学術顧問を務める。著書に『ロールレタリングに関する臨床教育学的研究』（風間書房），『教師カウンセラー・実践ハンドブック』（共著，金子書房），『カウンセリング実践ハンドブック』（共著，丸善）など。

メールアドレス　sokamoto@fc.ritsumei.ac.jp

ロールレタリング――手紙を書く心理療法の理論と実践	
2012年9月6日　初版第1刷発行	［検印省略］
2024年3月25日　初版第4刷発行	

著　者　　岡　本　茂　樹

発行者　　金　子　紀　子

発行所　　株式会社　金　子　書　房

〒112-0012　東京都文京区大塚3-3-7
TEL　03-3941-0111（代）
FAX　03-3941-0163
振替　00180-9-103376
URL http://www.kanekoshobo.co.jp

印刷／藤原印刷株式会社
製本／有限会社井上製本所

© Shigeki Okamoto 2012
Printed in Japan
ISBN978-4-7608-3817-2　C3011